本書の特色と使い方

とてもゆっくりていねいに、段階を追った読解学習ができます。

- 一シートの問題量を少なくして、ゆったりとした紙面構成で、読み書きが苦手な子どもでも、ゆっくりていねいに段階を追って学習することができます。
- 漢字が苦手な子どもでも学習意欲が減退しないように、問題文の全てをかな文字で記載しています。

児童の個別学習の指導にも最適です。

- 文学作品や説明文の読解の個別指導にも最適です。
- 読解問題を解くときは、本文を一回読むように指導ください。その後、問題文をよく読み、本文から答えを見つけます。

光村図書・東京書籍・教育出版国語教科書などから抜粋した物語・説明文教材、ことば・文法教材の問題などを掲載しています。

- 教科書掲載教材を使用して、授業の進度に合わせて予習・復習ができます。
- 三社の優れた教科書教材を掲載しています。ぜひご活用ください。

どの子も理解できるよう、長文は短く切って掲載しています。

- 長い文章の読解問題の場合は、読みとりやすいように、問題文を二つなどに区切って、問題文と設問に1、2…と番号をつけ、短い文章から読みとれるよう配慮しました。
- 読解のワークシートでは、設問の中で着目すべき言葉に傍線（サイドライン）を引いておきました。
- 記述解答が必要な設問については、答えの一部をあらかじめ解答欄に記載しておきました。

学習意欲をはぐくむ工夫をしています。

- できるだけ解答欄を広々と書きやすいよう配慮しています。
- 内容を理解するための説明イラストなども多数掲載しています。
- イラストは色塗りなども楽しめます。

※ワークシートの解答例について（お家の方や先生方へ）

本書の解答は、あくまでもひとつの「解答例」です。お子さまに取り組ませる前に、必ず指導される方が問題を解いてください。指導される方の作られた解答をもとに、お子さまの多様な考えに書き添えての○つけをお願いします。

目次

4-②

読解ワーク 基礎編

（光村図書・東京書籍・教育出版の教科書教材などより抜粋）

やさしくていねいに学べる

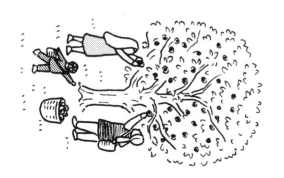

詩
物語
説明文
短歌
俳句

3

はばたき

名前

● 次(つぎ)の詩(し)を二回(にかい)読(よ)んで、答(こた)えましょう。

はばたき

白鳥(はくちょう)のやって来(き)た空(そら)から、
ふわりふわりとまい下(お)りてくるのは、
あれは㋐雪(ゆき)ではなくて、
たくさんの白鳥(はくちょう)のはばたきから
飛(と)び散(ち)ってくる、
小(ちい)さな羽(はね)ではないのでしょうか。

（令和二年度版　光村図書　国語　四下　はばたき　羽曽部(はそべ)　忠(ただし)）

(1) 空(そら)からやって来(き)たのは、何(なん)ですか。

□□

(2) どんなふうにまい下(お)りてくるのですか。

［ □ とまい下(お)りてくる ］

(3) ㋐雪(ゆき)ではなくて、何(なん)だと言(い)っていますか。

［ たくさんの □□ の □□□□ から 飛(と)び散(ち)ってくる、 □□□□ ではないのでしょうか。 ］

● 次の文章を三回読んで、答えましょう。

1
その中山から少しはなれた
山の中に、「ごんぎつね」という
きつねがいました。
ごんは、ひとりぼっちの
小ぎつねで、しだのいっぱい
しげった森の中に、あなを
ほって住んでいました。

2
そして、夜でも昼でも、
あたりの村へ出てきて、
いたずらばかりしました。
畑へ入って
いもを
ほり散らしたり、
菜種がらの
ほしてあるのへ
火をつけたり、百姓家の
うら手につるしてある
とんがらしをむしり取って
いったり、いろんなことを
しました。

（令和二年度版 光村図書 国語 四下 はばたき 新美 南吉）

1 (1) ごんは、どんな小ぎつねですか。

[＿＿＿＿＿＿＿＿＿＿]

の小ぎつね。

(2) ごんは、森の中に、どうやって
住んでいましたか。

[＿＿｜＿＿] をほって住んで
いました。

2 (1) ごんは、どんないたずらを
しましたか。三つ書きましょう。

① [＿＿] へ入って [＿＿｜＿＿] を
ほり散らしたり、

② [＿＿｜＿＿｜＿＿｜＿＿] の
ほしてあるのへ [＿] を
つけたり、

③ 百姓家のうら手につるしてある
[＿＿｜＿＿｜＿＿｜＿＿]
をむしり取っていったりした。

※「ごんぎつね」の教材は、令和二年度版 東京書籍 新しい国語 四下・教育出版
ひろがる言葉 小学国語 四下 にも掲載されています。

5

ごんぎつね (2)

名前

● 次の文章を二回読んで、答えましょう。

「兵十のうちのだれが死んだんだろう。」と思ったごんは、村の墓地へ行って、六地蔵さんのかげにかくれていました。

ごんは、のび上がって見ました。兵十が、白いかみしもを着けて、いはいをささげています。いつもは、赤いさつまいもみたいな元気のいい顔が、今日はなんだかしおれていました。

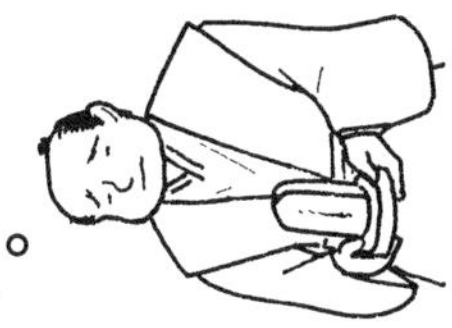

㋐「ははん。死んだのは、兵十のおっかあだ。」

ごんは、そう思いながら頭を引っこめました。

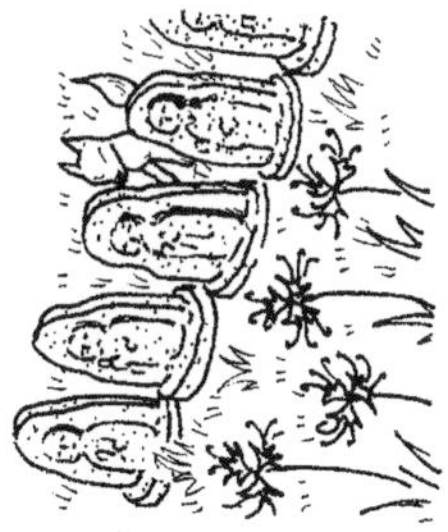

※かみしも…昔の正式なふくそう。ここでは、そうしきのとき、男の人が着るふくそう。

※おっかあ…お母さん。

（令和二年度版　光村図書　国語　四下　はばたき　新美　南吉）

(1) ㋐はははん、死んだのは、兵十のおっかあだと、ごんが思ったのはなぜですか。二つ書きましょう。

① 兵十が、白い□□□□を着けて、□□□をささげていたから。

② いつもは、赤い□□□□□みたいな□□□□□顔が、今日はなんだか□□□□いたから。

(2) ごんは、頭をどうしましたか。

（　　　　　　　　　　）

※「ごんぎつね」の教材は、令和二年度版　東京書籍　新しい国語　四下・教育出版　ひろがる言葉　小学国語　四下　にも掲載されています。

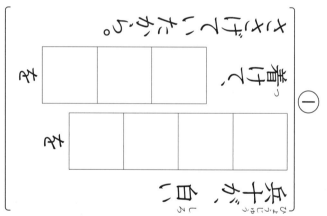

● 次の文章を二回読んで、答えましょう。

ごんは、あなの中で考えました。「兵十のおっかあは、とこについていて、うなぎが食べたいと言ったにちがいない。それで、兵十がはりきりあみを持ち出しただんだ。ところが、わしがいたずらをして、うなぎを取ってきてしまっただ。だから、兵十は、おっかあにうなぎを食べさせることができなかった。そのまま、おっかあは、死んじゃったにちがいない。ああ、うなぎが食べたい、うなぎが食べたいと思いながら、死んだんだろう。ちょっ、あんないたずらをしなけりゃよかった。」

※とこについて…病気になって、ねむる。

（令和二年度版 光村図書 国語 四下 はばたき 新美 南吉）

（1）ごんが、あなの中で考えたことを書きましょう。

わしが

を　して

うなぎを取ってきてしまった。

だから、

は、

おっかあに

を

食べさせることが

できなかった。そのまま、

は、

死んじゃったにちがいない。

（2）ごんは、自分がしたいたずらについて、どう思っていますか。○をつけましょう。

（　）あんないたずらをしなければよかった。

（　）あのいたずらは、おもしろかったなあ。

※「ごんぎつね」の教材は、令和二年度版 東京書籍 新しい国語 四下・教育出版 ひろがる言葉 小学国語 四下 にも掲載されています。

ごんぎつね (4)

名前

● 次の文章を二回読んで、答えましょう。

兵十が、赤い井戸のところで麦をといでいました。

兵十は、今までおっかあと二人きりで、まずしいくらしをしていたもので、おっかあが死んでしまっては、もうひとりぼっちでした。

㋐「おれと同じ、ひとりぼっちの兵十か。」

こちらの物置の後ろから見ていたごんは、そう思いました。

（令和二年度版　光村図書　国語　四下　はばたき　新美　南吉）

(1) 兵十は、赤い井戸のところで、何をしていましたか。

[　　　　]

(2) 兵十は、今までおっかあと二人きりで、どんなくらしをしていましたか。

[□□□□くらし。]

(3) 兵十は、おっかあが死んでしまって、どうなりましたか。

[もう□でした。]

(4) ㋐おれと同じ、ひとりぼっちの兵十かと思ったごんは、どんな気持ちでしたか。○をつけましょう。

(　) ひとりぼっちのくらしは、楽しいだろうな。

(　) ひとりぼっちのくらしは、きっとさびしいだろうな。

※「ごんぎつね」の教材は、令和二年度版　東京書籍　新しい国語　四下・教育出版　ひろがる言葉　小学国語　四下　にも掲載されています。

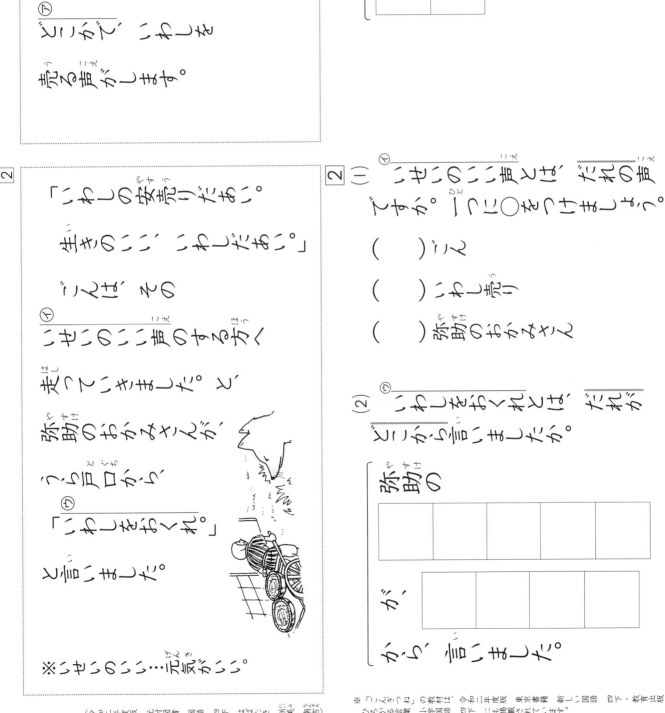

ごんぎつね ⑸

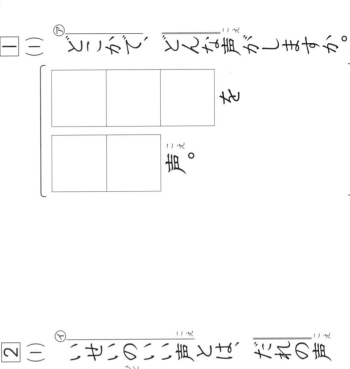

名前

● 次の文章を二回読んで、答えましょう。

[1]

ごんは、物置の
そばをはなれて、
向こうへ行きかけますと、
㋐どこかで、いわしを
売る声がします。

[2]

「いわしの安売りだあい。
生きのいい、いわしだあい。」
ごんは、その
㋑いせいのいい声のする方へ
走っていきました。と、
弥助のおかみさんが、
うら戸口から、
㋒「いわしをおくれ。」
と言いました。

※いせいのいい…元気がいい。

（令和二年度版　光村図書　国語　四下　はばたき　新美　南吉）

[1]
(1) ㋐どこかで、どんな声がしますか。

[　][　][　]を
[　][　]声。

[2]
(1) ㋑いせいのいい声とは、だれの声ですか。一つに◯をつけましょう。

(　)ごん
(　)いわし売り
(　)弥助のおかみさん

(2) ㋒いわしをおくれとは、だれがどこから言いましたか。

弥助の
[　][　][　][　][　]が、
[　][　][　][　]から、言いました。

※「ごんぎつね」の教材は、令和二年度版　東京書籍　新しい国語　四下・教育出版
ひろがる言葉　小学国語　四下　にも掲載されています。

ごんぎつね（6）

名前　

次の文章を二回読んで、答えましょう。

いわし売りは、いわしのかごを積んだ車を、道ばたに置いて、ぴかぴか光るいわしを両手でつかんで、弥助の家の中へ持って入りました。ごんは、そのすき間に、かごの中から五、六ぴきのいわしをつかみ出して、もと来た方へかけ出しました。

（1）いわし売りは、何を道ばたに置きましたか。

いわし売りは、□□ の □□□ を積んだ車を置きました。

（2）いわし売りは、いわしをどうしましたか。

両手でつかみ、弥助の家の中へ持って入りました。

［　　　いわし。　　　］

（3）ごんが、かごの中から五、六ぴきつかみ出したとは何ですか。〇をつけましょう。

（　）持って、弥助の家の中へ入ったの

（　）もと来た方へかけ出したの

（　）かごの中から五、六ぴきつかみ出したの

（　）道ばたに置いてあった積んだ車を

［　　　　　いわし。　　　　　］

10

ごんぎつね (7)

名前

● 次の文章を二回読んで、答えましょう。

[1]

そして、兵十のうちの
うら口から、うちの中へ
いわしを投げこんで、
あなへ向かって
かけもどりました。

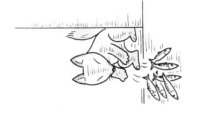

[2]

とちゅうの坂の上で
ふり返ってみますと、
兵十がまだ、井戸のところで
麦をといでいるのが
小さく見えました。

ごんは、うなぎのつぐないに、
まず一つ、㋐いいことをしたと
思いました。

※つぐない…
自分が悪いことをしたときに、相手に
おわびとして、何かをすること。

(令和二年度版　光村図書　国語　四下　はばたき　新美　南吉)

[1]

(1) ごんは、いわしをどこからどこへ投げこみましたか。

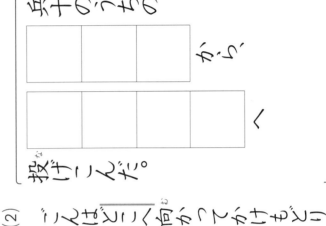

兵十のうちの [　][　][　] から、[　][　][　][　] へ投げこんだ。

(2) ごんはどこへ向かってかけもどりましたか。

[　][　]

[2]

(1) ごんがふり返ってみると、兵十はまだ、何をしていましたか。

[　][　] のところで [　] をといでいました。

(2) ㋐いいこととは、どんなことですか。一つに○をつけましょう。

(　) 兵十のうちの中へいわしを投げこんだこと。

(　) 麦をとぐのを手伝ったこと。

※「ごんぎつね」の教材は、令和二年度版　東京書籍　新しい国語　四下・教育出版　ひろがる言葉　小学国語　四下　にも掲載されています。

ごんぎつね (8)

名前

● 次の文章を二回読んで、答えましょう。

[1]

次の日には、ごんは
山でくりをどっさり拾って、
㋐それをかかえて
兵十のうちへ
行きました。

[2]

うら口から
のぞいてみますと、
兵十は、昼飯を食べかけて、
茶わんを持ったまま、
ぼんやりと考えこんで
いました。㋑変なことには、
兵十のほっぺたに、
かすりきずがついています。
どうしたんだろうと、
ごんが思っていますと、
兵十がひとり言を言いました。

（令和二年度版　光村図書　国語　四下　はばたき　新美　南吉）

[1]

(1) ㋐それについて答えましょう。

① ㋐それとは、何ですか。

山で拾った □□。

② ㋐それをかかえてどこへ行きましたか。

[2]

(1) ごんが、うら口からのぞくと、兵十は何をしていましたか。

昼飯を食べかけて、□□□ を持ったまま、□□□□ と考えこんでいました。

(2) ㋑変なこととは、どんなことですか。

兵十の □□□□ に、□□□□□ がついていたこと。

※「ごんぎつね」の教材は、令和二年度版　東京書籍　新しい国語　四下・教育出版　ひろがる言葉　小学国語　四下　にも掲載されています。

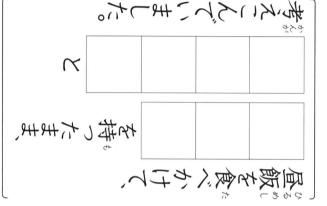

ごんぎつね (9)

名前

● 次の文章を二回読んで、答えましょう。

ごんは、いわしをぬすんで、兵十のうちの中へ投げこみました。次の日、うら口からのぞいてみると、兵十のほっぺたに、かすりきずがついています。

「いったい、だれが、
いわしなんかを、
㋐おれのうちへ放りこんで
いったんだろう。
おかげでおれは、
ぬすびとと思われて、
いわし屋のやつに
㋑ひどいめにあわされた。」
と、ぶつぶつ言っています。

(令和二年度版　光村図書　国語　四下　はばたき　新美　南吉)

(1) ㋐おれとはだれのことですか。○をつけましょう。

(　)ごん

(　)兵十

(2) ㋐おれのうちへ何を放りこんだのですか。

(3) ㋑ひどいめについて答えましょう。

① だれに㋑ひどいめにあわされましたか。

② 何と思われて、㋑ひどいめにあわされましたか。

※「ごんぎつね」の教材は、令和二年度版　東京書籍　新しい国語　四下・教育出版　ひろがる言葉　小学国語　四下　にも掲載されています。

（令和二年度版）
光村図書 国語四下 はばたき
「ごんぎつね」
新美 南吉

※この教材は、令和二年度版 小学国語 四年下 に掲載されています。
「ごんぎつね」新美南吉
光村図書・国語四下
東京書籍・新編新しい国語四下
教育出版・ひろがる言葉 小学国語四下

ごんぎつね（10）

名前　　　　　

● 次の文章を二回読んで、後の問いに答えましょう。

2

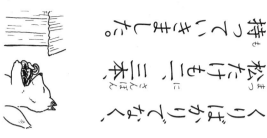

持って行きました。三本は、やなぎの下にかくして、その次の日には、①くりばかりでなく、松たけも二、三本持って行きました。

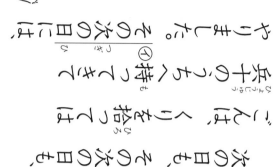

兵十のうちへ、次の日も、その次の日も、ごんは、くりを拾っては、持って来てやりました。

一

帰りました。その入り口に、②物置の方を見ながら、ごんは、くりばかりでなく、松たけも二、三本持って行きました。

⑦ごんは、うちのうら口から、こっそり中へはいりました。そのとき兵十は、ふと顔を上げました。と、きつねがうちの中へはいったではありませんか。

2

（1）①その次の日には、何を持って行きましたか。

［　｜　｜　］と［　｜　］を、やなぎの下にかくして、三本、持って行きました。

（2）②入り口に、何を置いて帰りましたか。

［　　　　　］

一

（1）⑦「ぬすみやがった」と思ったのは、なぜですか。

兵十は、［　　　　　　　　　］に

［　　　　　　　　　　　　　　　］

ごんぎつね (11)

名前

● 次の文章を二回読んで、答えましょう。

[1]

ごんは、お念仏がすむまで、井戸のそばにしゃがんでいました。兵十と加助は、またいっしょに帰っていきます。ごんは、二人の話を聞こうと思って、ついていきました。㋐兵十のかげぼうしをふみふみ行きました。

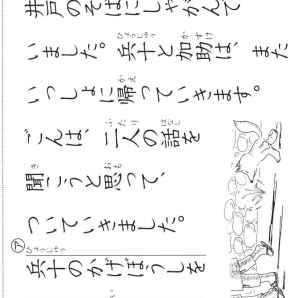

[2]

お城の前まで来たとき、加助が言いだしました。

「㋑さっきの話は、きっと、そりゃあ、神様のしわざだぞ。」

「えっ。」

と、兵十は㋒びっくりして、加助の顔を見ました。

※しわざ…したこと。

（令和二年度版　光村図書　国語　四下　はばたき　新美　南吉）

[1]

(1) ごんは、何をしようと思って、兵十と加助についていきましたか。

□□□□を聞こうと思って、ついていきました。

(2) ㋐兵十のかげぼうしをふみふみ行きましたから、ごんのどんな様子を表していますか。○をつけましょう。

（　）二人の後ろをついていく様子。

（　）二人とならんで歩こうとする様子。

[2]

(1) 加助は㋑さっきの話は、きっと、だれのしわざだと言いだしましたか。

□□のしわざ。

(2) 兵十は㋒びっくりして、どうしましたか。

（　　　　）

※「ごんぎつね」の教材は、令和二年度版　東京書籍　新しい国語　四下・教育出版　ひろがる言葉　小学国語　四下　にも掲載されています。

(令和6年度版)
光村図書　国語
四下　はばたき
新美南吉

「ごんぎつね」(12)

名前

次の文章を二回読んで、答えましょう。

兵十と加助は、二人とも、いっしょに帰っていきます。
兵十の話を聞いて、加助は、しばらく考えていましたが、やがて、

あ「おれは、このごろ、とても不思議なことがあるんだ。」
「何が。」
「かあが死んでからは、だれだか分からんが、おれに、まいにち、くりや松たけなんかをくれるんだよ。」
「ふうん、だれが。」
い「それが、よく分からんのだよ。いつも、だれもいないのに。」

⑦「人間じゃない、神様だ。神様が、おまえがたった一人になったのをあわれに思って、いろいろな物をめぐんでくださるんだよ。」

う「そうかなあ。」

え「そうだとも。だから、まいにち、神様にお礼を言うがいいよ。」

※おかわ…おかわいそうに。
※金物をおかねやどうなどでつくったもののこと。

(1) あ〜えの□に、兵十が言ったことばには「兵」、加助が言ったことばには「加」を書きましょう。

あ[　]　い[　]

う[　]　え[　]

(2) ⑦「神様」とありますが、この神様が、いると思われているのはせですか。

(3) 加助は兵十に、まいにち何をするとよいと言いましたか。

神様に[　　　　]を言うこと。

※「ごんぎつね」の教材は、下記の教科書にも掲載されています。
令和6年度版　小学国語　四下　教育出版
新しい国語　四下　東京書籍

ごんぎつね ⒀

名前

● 次の文章を二回読んで、答えましょう。

ごんは、「へえ、こいつはつまらないな。」と思いました。

「㋐おれがくりや松たけを持っていってやるのに、そのおれにはお礼を言わないで、神様にお礼を言うんじゃあ、おれは㋑引き合わないなあ。」

（令和二年度版　光村図書　国語　四下　はばたき　新美　南吉）

(1) ㋐おれとは、だれのことですか。

□□

(2) ごんが、つまらないなと思ったのは、なぜですか。あてはまる言葉を書きましょう。

「おれが□□や□□□を持っていってやるのに、そのおれには□□を言わないで、□□にお礼を言うんじゃあ、おれは引き合わないなあ。」と思ったから。

(3) ㋑引き合わないとは、どういう意味ですか。○をつけましょう。

(　)苦ろうやどりょくをしたかいがない。

(　)だれかとだれかが引っぱり合うこと。

※「ごんぎつね」の教材は、令和二年度版　東京書籍　新しい国語　四下・教育出版　ひろがる言葉　小学国語　四下　にも掲載されています。

（令和二年度版）
光村図書
国語
四下
はばたき
新美　南吉

ごんぎつね （14）

名前 [　　　　　　]

次の文章を二回読んで、答えましょう。

1

その明くる日も、ごんは、くりを持って、兵十のうちへ出かけました。兵十は、物置で縄をなっていました。それで、ごんは、うちのうらロから、こっそり中へ入りました。

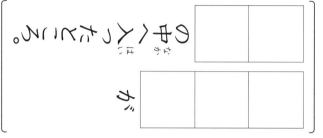

※縄をなう……縄の何本かをより合わせて一本の縄を作ること。

2

そのとき兵十は、ふと顔を上げました。と、きつねがうちの中へ入ったではありませんか。

また、いたずらをしに来たな。
「ようし。」

兵十は立ち上がって、なやにかけてある火縄じゅうを取って、火薬をつめました。

1

(1) 「その明くる日」、兵十は、どこで、何をしていましたか。

　[□□□□]で、縄を[□□]ていました。

(2) 「ごん」は、どこから、どのようにして、兵十のうちの中に入りましたか。

　兵十のうちのうらロから、[　　　　　]。

2

(1) ひょうじゅうが、ふと顔を上げたとき、何を見ましたか。

　[□□]が[□□]の中に入ったこと。

(2) ひょうじゅうは、うちの中を見て、何を見つけましたか。

　[　　　　　　　　　　]。

※「ごんぎつね」の言葉の学習は、小学国語　四下（令和二年度版）にも掲載されています。
掲載教材は、令和二年度版　東京書籍　新しい国語　四下・教育出版　四下にも掲載されています。

ごんぎつね (15)

名前

● 次の文章を二回読んで、答えましょう。

[1]

「ようし。」

兵十は立ち上がって、なやにかけてある火縄じゅうを取って、火薬をつめました。

そして、足音をしのばせて近よって、今、戸口を出ようとするごんを、ドンとうちました。

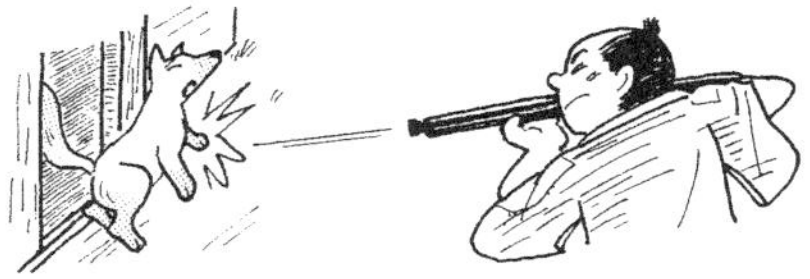

※火縄じゅう…昔のてっぽう。

※しのばせる…気づかれないようにする。

[1]

(1) 「ようし。」と言った兵十はどんな気持ちでしたか。○をつけましょう。

(　) 山へおいかえしてやろう。

(　) 今日こそやっつけてやろう。

(2) 兵十は、火縄じゅうを取って近よって、ごんをどうしましたか。

[2]

ごんは、ばたりとたおれました。

兵十はかけよってきました。

㋐うちの中を見ると、土間にくりがかためて置いてあるのが、目につきました。

(令和二年度版　光村図書　国語　四下　はばたき　新美　南吉)

[2]

(1) ごんは、どうなりましたか。

(2) 兵十が㋐うちの中を見ると、何が目につきましたか。

□□に□□がかためて置いてあるのが、目につきました。

※「ごんぎつね」の教材は、令和二年度版　東京書籍　新しい国語　四下・教育出版　ひろがる言葉　小学国語　四下　にも掲載されています。

ごんぎつね (16)

名前

● 次の文章を二回読んで、答えましょう。

「おや。」

と、兵十はびっくりして、

ごんに㋐目を落としました。

「ごん、おまい（おまえ）だったのか、

いつも、くりをくれたのは。」

ごんは、ぐったりと

㋑目をつぶったまま、うなずき

ました。

兵十は、㋒火縄じゅうを

ばたりと取り落としました。

青いけむりが、

まだつつ口から

細く

出ていました。

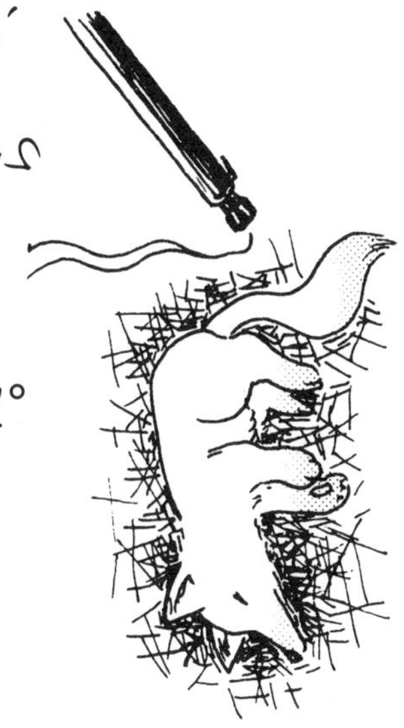

※目を落とす…下を向く。

（令和二年度版　光村図書　国語　四下　はばたき　新美　南吉）

(1) ㋐ごんに目を落とした兵十は、どんなことを思いましたか。

〔 いつも、□□を くれたのは、□□ だったのかということ。 〕

(2) ㋑目をつぶったまま、うなずきましたとありますが、ごんの気持ちにあてはまるものに○をつけましょう。

（　　）くりをとどけていたのは、自分だと気づいてくれてよかった。

（　　）くりをとどけなければよかった。

(3) ㋒火縄じゅうをばたりと取り落としましたとありますが、兵十の気持ちにあてはまるものに○をつけましょう。

（　　）やっとやっつけることができた。

（　　）ごんを打たなければよかった。

※「ごんぎつね」の教材は、令和二年度版　東京書籍　新しい国語　四下・教育出版　ひろがる言葉　小学国語　四下　にも掲載されています。

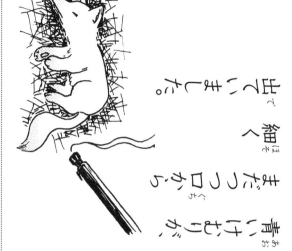

● 次の短歌とその意味を三回読んで、答えましょう。

晴れし空仰げばいつも

口笛を吹きたくなりて

吹きてあそびき

石川啄木

（意味）晴れた空を見上げると、いつも口笛を吹きたくなって、それを吹いて遊んでいた。

（令和二年度版 光村図書 国語 四下 はばたき 「短歌・俳句に親しもう（１）」による）

（１）次の短歌とその意味を──線で結びましょう。

① 晴れし空　　・　　・口笛を

② 仰げばいつも　　・　　・見上げると、いつも

③ 口笛を　　・　　・晴れた空を

④ 吹きたくなりて　　・　　・（それを）吹いて遊んでいた

⑤ 吹いてあそびき　　・　　・吹きたくなって

名前

次の短歌とその意味を二回ずつ読んで、答えましょう。

（意味）

金色のちひさき鳥のかたちして
銀杏ちるなり
夕日の岡に

金色の
ちひさき鳥の
かたちして
銀杏ちるなり
夕日の岡に

　　　　与謝野　晶子

小さな金色の
かがやく
夕日の岡の上に。
小鳥のような
形をして
銀杏の葉が散っている、

22

（令和二年度版
光村図書
国語
四下
はばたき
「短歌・俳句に親しもう」にある
「（二）」による）

（1）　次の短歌とその意味を　──線で結ぶ線で結びましょう。

⑤
夕日の岡に　　•

④
銀杏ちるなり　　•

③
かたちして　　•

②
ちひさき鳥の　　•

①
金色の　　•

•　形をして
夕日の岡の上に

•　夕日の差す岡の上に

•　金色にかがやへ

•　銀杏の葉が散っている

•　小さな金色に

•　小さな金色に
ちひさき鳥のような

● 次の短歌とその意味を二回読んで、答えましょう。

ゆく秋の大和の国の薬師寺の塔の上なる一ひらの雲

佐佐木信綱

（意味）秋も終わりのころの
　　　大和の国（今の奈良県）にある薬師寺。
　　　その塔を見上げると、
　　　すんだ空に一片の雲がうかんでいる。

（令和二年度版 光村図書 国語 四下 はばたき「短歌・俳句に親しもう（二）」による）

（1） 次の短歌とその意味を──線で結びましょう。

① ゆく秋の ・ 　・ 大和の国（今の奈良県）にある

② 大和の国の ・ 　・ 秋も終わりのころの

③ 薬師寺の ・ 　・ （その）塔を見上げると

④ 塔の上なる ・ 　・ 薬師寺

⑤ 一ひらの雲 ・ 　・ （すんだ空に）一片の雲がうかんでいる

俳句（一）

短歌・俳句に親しむ（二）

名前

次の俳句とその意味を二回読んで、答えましょう。

柿くへば
鐘が鳴るなり
法隆寺

正岡子規

（意味）
柿を食べていると、
ああ、法隆寺の鐘の音がひびいてきた。

（1）右の俳句を、言葉の調子で三つの部分に分けて二に線を引きましょう。

（2）何を食べたら、鐘の音がひびいてきましたか。ひらがな二文字で書きましょう。

（3）季節は、いつですか。春・夏・秋・冬のうち。

（4）鐘の音は、何といってひびいてきましたか。ひらがな二字で書きましょう。

（令和二年度版　光村図書　国語　四下　はばたき　「短歌・俳句に親しもう（二）」による）

24

● 次の俳句とその意味を三回読んで、答えましょう。

桐一葉日当たりながら落ちにけり

高浜　虚子

（意味）桐の葉が一まい、秋の日の光に照らされながら落ちた。

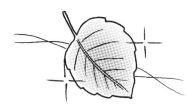

25

（令和二年度版 光村図書 国語 四下 はばたき「短歌・俳句に親しもう（二）」による）

（1）右の俳句を、五音・七音・五音の、三つの部分に分けて一線を引きましょう。

（2）次の俳句とその意味を——線で結びましょう。

① 桐一葉　　　・　　　・　落ちた

② 日当たりながら　・　　　・　桐の葉が一まい

③ 落ちにけり　　・　　　・　（秋の）日の光に照らされながら

名前

次の俳句とその意味を二回よく読んで、答えましょう。

外にも出よ
触るるばかりに
春の月

中村汀女
なかむらていじょ

（意味）
大きな春の月が出てきたから、
手を外に出してさわれんばかりに。

（令和二年度版 光村図書 国語 四下 はばたき「短歌・俳句に親しもう」「(二)」による）

(1) 右の俳句を、五音・七音・五音、三つの部分に分けて──線を引きましょう。

(2) 次の俳句とその意味を──線で結びましょう。

① 外にも出よ ・

② 触るるばかりに ・

③ 春の月 ・

・ 大きな春の月が出てくること

・ 外に出てさわれんばかりに

・ （きます）手を外に出してさわれんばかに

ウナギのなぞを追って（1）

名前

● 次の文章を二回読んで、答えましょう。

[1]

ウナギは、日本各地の川や池にすんでいます。それなのに、なぜ、はるか南の海にまで調査に来るのか、㋐不思議に思う人もいるでしょう。実は、ここが、日本中のウナギが集まってきて、いっせいにたまごを産む場所なのです。

[2]

ここで生まれたウナギの赤ちゃんは、海流に流され、しだいに成長しながら、はるばる日本にやって来ます。

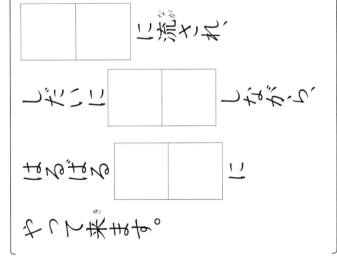

※はるばる…遠くはなれているようす。

（令和二年度版　光村図書　国語　四下　はばたき　塚本　勝巳）

[1] ㋐不思議に思うのは、どんなことですか。

ウナギは、日本各地の［　　］や［　　］にすんでいるのに、なぜ、はるか［　　］の［　　］にまで調査に来るのか、ということ。

[2] ウナギの赤ちゃんは、どのように日本にやって来ますか。

［　　　　］に流され、しだいに［　　　　］しながら、はるばる［　　　　］にやって来ます。

令和二年度版 光村図書 国語 四下 はばたき「ウナギのなぞを追って」塚本勝巳

ウナギのなぞを追って （2）

名前 [　　　　　　　]

次の文章を二回読んで、答えましょう。●

2

そのけんきゅうの第一歩は、たまごを産む場所を見つけることでした。①「研究の第一歩」

一九三〇年から始まった、そのたまごを産む場所がとれるまでに、それから八十年近くの年月がかかったのです。実に八十年近くの年月が。

1

※生態…生き物が自然の中で生活する様子。

深いところにいると分かってきたのは最近のことで、ウナギの⑦「生態」は、いまだにたくさんのなぞに包まれているのです。

あまり集まってこないのです。マリアナの海は、日本から二千キロメートルもはなれた場所ですが、日本中のウナギが、たまごを産むために、ここに集まってくるのでしょう。

2

（1）①「研究の第一歩」とは、何ですか。

[　][　][　][　] を

場所を見つける調査。

調査は何の第一歩として始まった

（2）たまごが見つかるまでに、どれくらいの年月がかかったのですか。

[　　　　] 近くの

年月がかかった。実に [　] の年月。

1

（1）⑦「ウナギの生態」は、何に包まれていますか。

[　][　][　][　] のこと。

（2）⑦「ウナギの生態」が包まれているのは、どのようなことですか。

[　][　][　][　] のこと。

だれにも分かっていないことがたくさんある、ということ。

ウナギのなぞを追って (3)

名前

● 次の文章を二回読んで、答えましょう。

[1]

㋐たまごを産む場所をさがす調査は、より小さいウナギを追い求めることから始まりました。調査では、目の細かい大きなあみを使って、海の生き物を集める㋑作業をくり返します。あみの中には、さまざまな色や形の小さな生き物が入ります。

[2]

この中から、レプトセファルスとよばれる、㋒ウナギの赤ちゃんをさがすのです。レプトセファルスは、とうめいで、やなぎの葉のような形をしています（図2）。海の中でしずみにくく、海流に乗って運ばれやすくなっているのです。

図2

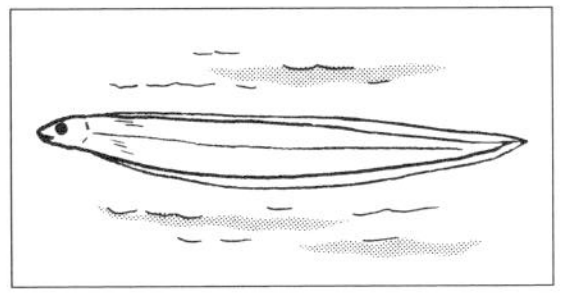

（令和二年度版　光村図書　国語　四下　はばたき　塚本　勝巳）

[1]

(1) ㋐たまごを産む場所をさがす調査は、何を追い求めることから始まりましたか。

(2) 目の細かい大きなあみを使って、どんな㋑作業をくり返しますか。

□□□□□ を □□□ 作業。

[2]

(1) ㋒ウナギの赤ちゃんは、何とよばれていますか。

(2) レプトセファルスが、やなぎの葉のような形をしているのは、なぜですか。

海の中で □□□ にくく、□□ に乗って運ばれやすくなっているから。

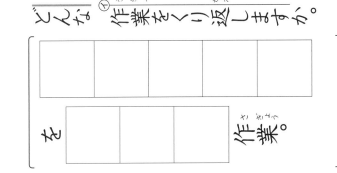

ウナギのなぞを追って (4)

名前

● 次の文章を二回読んで、答えましょう。

[1]

ウナギのレプトセファルスが最初にとれたのは、一九六七年、場所は、台湾の近くの海でした。体長は五十四ミリメートル。㋐この大きさだと、生まれてからだいぶ時間がたっているため、かなりのきょりを海流で流されてきたものと思われました。

[1]

(1) ウナギのレプトセファルスが最初にとれた場所は、どこでしたか。

台湾の［　　］。

(2) 体長が五十四ミリメートルある㋐大きさだと、どのようなものと思われましたか。

生まれてからだいぶ［　　］がたっているため、かなりの［　　　］を［　　］で流されてきたもの。

[2]

このレプトセファルスが生まれた場所は、海流をもっとさかのぼった先にあると考えられました。

[2]

(1) このレプトセファルスが生まれた場所は、どこにあると考えられましたか。

［　　］をもっと［　　］先。

(令和二年度版　光村図書　国語　四下　はばたき　塚本　勝巳)

ウナギのなぞを追って (5)

名前

● 次の文章を二回読んで、答えましょう。

[1]

わたしがこの調査に加わるようになったのは、一九七三年のことです。㋐調査グループは、さらに小さなレプトセファルスを求めて、㋑調査のはんいを南へ、そして東へと広げていきました。

[2]

レプトセファルスは、海流に乗って運ばれます。海流の上流に行くほど、小さいものがいるはずです。㋒予想どおり、とれるレプトセファルスの体長は、四十、三十、二十ミリメートルと、しだいに小さくなっていきました（図3）。

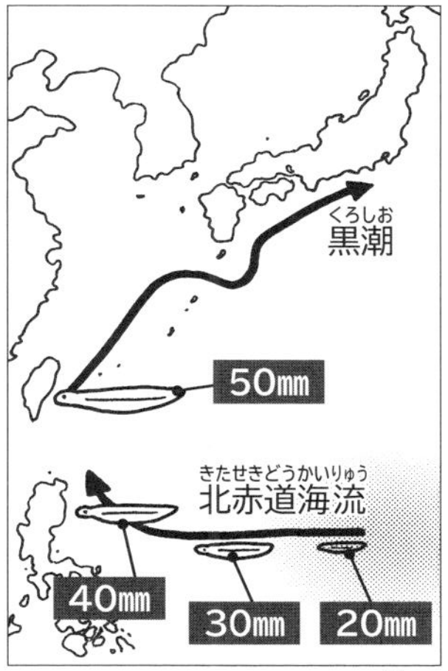

黒潮
50mm
北赤道海流
40mm
30mm
20mm

図3

（令和二年度版　光村図書　国語　四下　はばたき　塚本　勝巳）

[1]

(1) ㋐調査グループは何を求めていましたか。

レプトセファルス。

(2) ㋑調査のはんいをどのように広げていきましたか。

（　　）へ、そして（　　）へと広げていきました。

[2]

(1) どのような㋒予想をしましたか。

レプトセファルスは、海流の（　　）に行くほど、（　　）がいるはずという予想。

(2) ㋒予想どおり、とれるレプトセファルスの体長はどうなっていきましたか。

しだいに（　　）いきました。

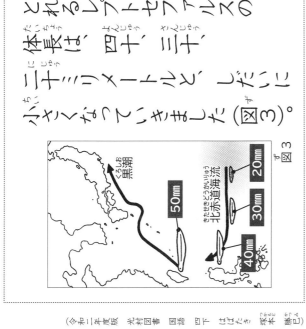

ウナギのなぞを追って (6)

名前

● 次の文章を二回読んで、答えましょう。

[1]

そして、一九九一年には、マリアナ諸島の西、北赤道海流の中で、十ミリメートル前後の㋐レプトセファルスを、約千びきとることができたのです。

[2]

レプトセファルスの体の中には、木の年輪ににた、㋑一日に一本ずつふえる輪のできる部分があります。その㋒輪を数えれば、生まれてから何日たっているかを知ることができます。

※年輪…木のみきの切り口に見られるいくつもの輪。一年に一つずつふえる。

（令和二年度版　光村図書　国語　四下　はばたき　塚本　勝巳）

[1]

(1) 北赤道海流の中でとれた㋐レプトセファルスについて答えましょう。

① どれぐらいの大きさですか。

［　　　　］前後。

② 何びきとることができたのですか。

［　　　　］

[2]

(1) ㋑一日に一本ずつふえる輪のできる部分は、何ににていますか。

［　　　　］

(2) ㋒輪を数えれば、どんなことを知ることができますか。

［　　　　］から［　　　　］たっているかということ。

ウナギのなぞを追って（7）

名前

● 次の文章を二回読んで、答えましょう。

調べてみると、これらは生後二十日ほどのものだと分かりました。とれた所から、二十日分のきょりを㋐計算して海流をさかのぼれば、親ウナギがたまごを産んだ場所に㋑たどり着けるはずです。

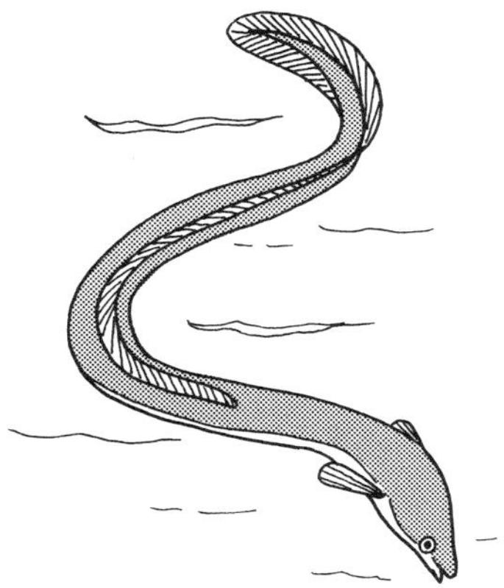

(1) 調べてみると、生後何日ほどのものだと分かりましたか。

生後［　　　］ほど。

(2) とれた所から、何日分のきょりを㋐計算しましたか。

［　　　］分。

(3) ㋑たどり着けるはずとありますが、どこにたどり着けるはずなのですか。

［　　　］が［　　　］場所。

（令和二年度版　光村図書　国語　四下　はばたき　塚本　勝巳）

くらしの中の和と洋（一）

名前

次の文章を二回読んで、答えましょう。

2

和室は、ゆかに
たたみをしき、
あまり家具を
置かないように
します。

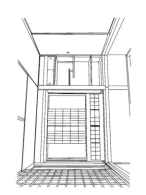

1

和室と洋室の最も大きな
ちがいは、そこに置かれる
家具と、ゆかの仕上げ方
たといってよいでしょう。

1

(1) 和室と洋室の最も大きな
ちがいは、何だと洋室の
最も大きなちがいは
何ですか。

そこに置かれる □□ と
そこに置かれる □□ の仕上げ方と
でしょう。

2

(1) 和室は、ゆかに何を
して
仕上げますか。

□□□

(2) 和室について、あてはまる
もの二つに○をつけましょう。

（　）ゆかには板をしいている。
（　）ゆかにはたたみをしいている。
（　）あまり家具を置かないこと。
（　）たくさんの家具をならべる。

34

くらしの中の和と洋 (2)

名前

● 次の文章を二回読んで、答えましょう。

[1]

一方、ほとんどの洋室は、板をはったり、カーペットをしいたりしてゆかを仕上げ、いすやテーブル、ベッドなど、部屋の目的に合わせた家具を置きます。

[2]

このちがいが㋐、それぞれの部屋の中でのすごし方や、部屋の使い方の差を生み出すと考えられます。

[1] 洋室についてあてはまるもの二つに○をつけましょう。

(　　) ゆかにカーペットをしいたりしている。

(　　) ゆかにたたみをしいている。

(　　) いすやテーブル、ベッドなどを置く。

(　　) 家具をあまり置かない。

[2] 和室と洋室の㋐ちがいが、何の差を生み出すと考えられますか。

それぞれの［　　　　］の中での［　　　　　　方］や、部屋の［　　　　方］の差を生み出す。

（令和二年度版　東京書籍　新しい国語　四下）

（令和二年度版　東京書籍　新しい国語　四下）

へやの中の和と洋　（3）　　名前　[　　　　　　　　]

次の文章を二回読んで、後の問いに答えましょう。

⑦それぞれの部屋の中で、わたしたちがよく使うのはいすです。すわるためにつかう点では、洋室でも和室でも同じですが、その使い方はちがっています。

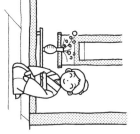

それに対して、和室では、それらの上に直接すわります。

わたしたちが考えるとき、すわるときのことを、それぞれの部屋の中で、その上になにかをじかに（直接）置くことはせず、別にすわるためのものをつかって、わたしたちは考えます。

（1）⑦それぞれの部屋とは、何と何の部屋を表しますか。

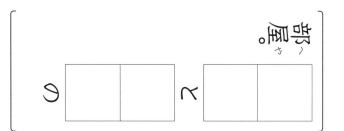

□□ と □□ の部屋。

（2）
① 和室
それはどのように使われますか。

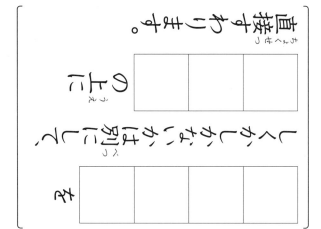

□□□ の上に、□□□□ を直接すわります。しくなどは別に……

② 洋室

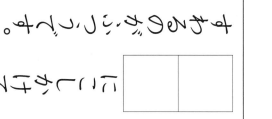

□□ にこしかけてすわるのがふつうです。

くらしの中の和と洋 (4)

名前

● 次の文章を二回読んで、答えましょう。

和室、洋室での
すごし方には、
それぞれどんな良さが
あるのでしょうか。
㋐和室のたたみの上では、
㋑いろいろなしせいを
とることができます。
㋒きちんとした場では正ざをし、
くつろぐときには
ひざをくずしたり、
あぐらを
かいたりして
すわります。
ねころぶことも
できます。

あぐらをかく
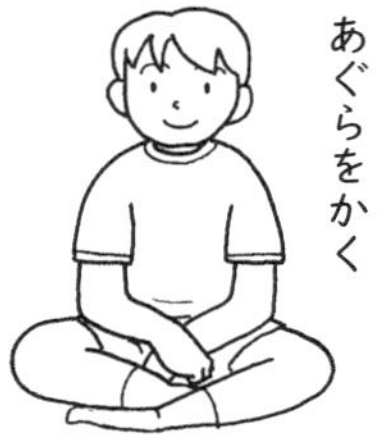

ねころぶ
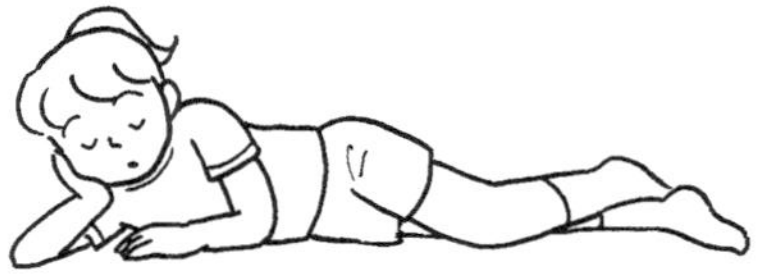

(1) ㋐和室のたたみの上では、どんなしせいをとることができますか。

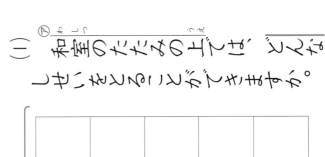

［　　　　　　　　　　　しせい。］

(2) ㋑いろいろなしせいには、どんなものがありますか。四つ書きましょう。

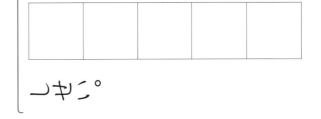

・　　　　。
・　　　　をくずす。
・　　　　　をかく。
・　　　　　　。

(3) ㋒きちんとした場ではどうやってすわりますか。

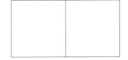

（令和二年度版　東京書籍　新しい国語　四下）

くらしの中の和と洋 (5)

名前

● 次の文章を二回読んで、答えましょう。

人と人との間かくが
㋐自由に変えられるのも
たたみの良さです。
相手が親しければ
近づいて話し、
目上の人の場合には少し
はなれて話すというように、
自然に㋑きょりの調節が
できます。
また、たたみの場合には、
多少人数が多くても、
間をつめれば
㋒みんながすわれます。

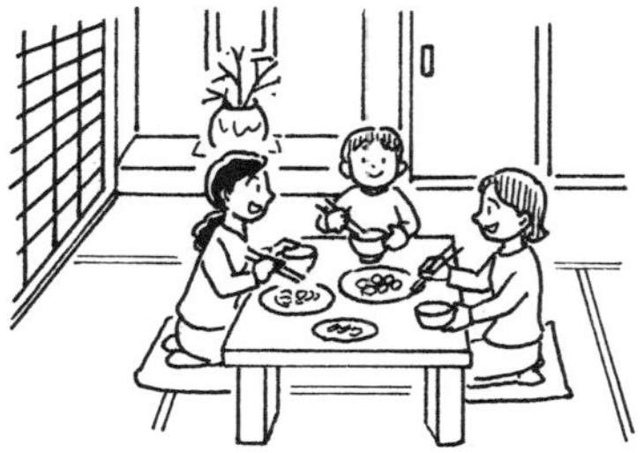

(1) 何を㋐自由に変えられるのも、たたみの良さですか。

[　　　]と[　　　]との
間かく。

(2) たたみの上での㋑きょりの調節について、あてはまるものを――線で結びましょう。

① 親しい相手 ・　　・ 少しはなれて話す。
② 目上の人 ・　　・ 近づいて話す。

(3) たたみの場合には、多少人数が多くても、どうすれば㋒みんながすわれますか。

[　　　　　　　　]
みんながすわれます。

くらしの中の和と洋　(6)

名前

● 次の文章を二回読んで、答えましょう。

洋室で使ういすには、
いろいろな種類があります。
くつろぐ、勉強をするなど、
それぞれの㋐目的に合わせた
しせいがとれるように、
形が㋑くふうされています。
ですから、長時間
同じしせいですわっていても、
つかれが少なくてすみます。

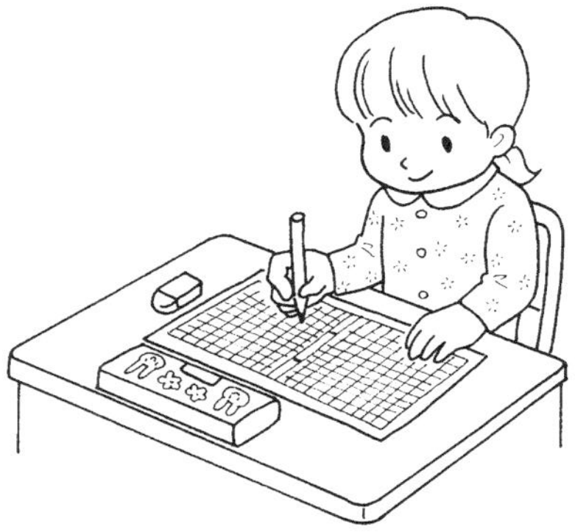

(1) 洋室で使ういすについて、あてはまるものに○をつけましょう。

(　) いろいろな種類がある。
(　) 勉強をするいすしかない。

(2) 洋室で使ういすには、どんな㋐目的がありますか。二つに○をつけましょう。

(　) くつろぐ。
(　) あぐらをかく。
(　) 勉強をする。

(3) いすには、どんな㋑くふうがされていますか。

それぞれの目的に合わせた
[　　　] がとれる
ように、[　] が
くふうされています。

（令和二年度版　東京書籍　新しい国語　四下）

いすの中の和洋（わよう）（7）　名前

● 次（つぎ）の文章（ぶんしょう）を二回（にかい）読（よ）んで、答（こた）えましょう。

上半身（じょうはんしん）の移動（いどう）もわかります。①
立（た）ち上（あ）がれせば、体（からだ）の重（おも）みを前方（ぜんぽう）につけし。

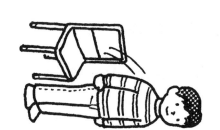

⑦
いすに重（おも）みを残（のこ）したまま、体（からだ）を前方（ぜんぽう）につけし、いすの良（よ）さであるといっても、じっとしたいときにも、次（つぎ）の動作（どうさ）にうつりやすいことから、いすにすわっている

◆

(1) ──あの良（よ）いに入（はい）る言葉（ことば）を、次（つぎ）の文（ぶん）にあてはまる言葉（ことば）を書（か）きましょう。

あ、
[□ ｜ □ ｜ □] で
[□ ｜ □] の
[□ ｜ □] に

(2) ──⑦「いすにすわっているとき、どのように、立（た）ち上（あ）がれますか。

① 体（からだ）の [□ ｜ □] を
[□ ｜ □] につけ、
② [□ ｜ □] をつかせば
③ 立（た）ち上（あ）がれます。

(3) ──①すは、何（なに）がわかるのですか。

[□ ｜ □ ｜ □]
の移動（いどう）。

● 次の短歌とその意味を三回読んで、答えましょう。

嵐吹く　三室の山の　もみぢ葉は

　　　　龍田の川の　錦なりけり

能因法師

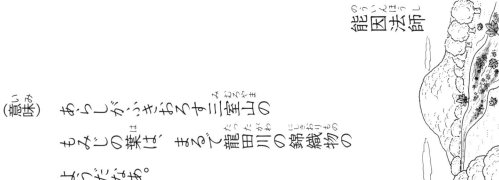

（意味）　あらしがふきおろす三室山の
　　　もみじの葉は、まるで龍田川の錦織物の
　　　ようだなあ。

（令和二年度版 東京書籍 新しい国語 四下「百人一首の世界」による）

⑴ 次の短歌とその意味を──線で結びましょう。

① 嵐吹く　　・　　・ 三室山の

② 三室の山の　・　　・ （まるで）龍田川の

③ もみぢ葉は　・　　・ あらしがふきおろす

④ 龍田の川の　・　　・ 錦織物のようだなあ

⑤ 錦なりけり　・　　・ もみじの葉は

⑵ 錦織物とは何を表していますか。

（2）季節は春・夏・秋・冬のうち、どれですか。

```
              季節は春・夏・秋・冬のうち、どれですか。
```

（2）季節は春・夏・秋・冬のうち、どれですか。

☐

⑤　ここ　　　　　　　　・　　　・　富士の高嶺に

④　富士の高嶺に　　　・　　　・　雪は降りつつ

③　白妙の　　　　　　　・　　　・　真っ白な

②　うち出でて見れば　・　　　・　田子の浦に

①　田子の浦に　　　　・　　　・　出てながめると

（1）次の短歌とその意味を──線で結びましょう。

42

（令和二年度版　東京書籍　新しい国語　四下「百人一首の世界」による）

（意味）

　田子の浦に出て、ながめると、富士山の高嶺に、真っ白な雪がふりつもっている。

田子の浦に
うち出でて見れば
白妙の
富士の高嶺に
雪は降りつつ

山部赤人

● 次の短歌とその意味を二回読んで、答えましょう。

（2）百人一首の世界

名前

● 次の短歌とその意味を三回読んで、答えましょう。

奥山に 紅葉踏み分け 鳴く鹿の

声聞く時ぞ 秋は悲しき

猿丸大夫

(意味) 里から遠くはなれた山の中で、もみじをふみ分けて鳴く鹿の声を聞くときにぞ、秋は本当に悲しいこと感じられる。

(令和二年度版 東京書籍 新しい国語 四下「百人一首の世界」による)

43

(1) 次の短歌とその意味を——線で結びましょう。

① 奥山に ・　　　　　・ 鳴く鹿の

② 紅葉踏み分け ・　　　　　・ 里から遠くはなれた山の中で

③ 鳴く鹿の ・　　　　　・ 声を聞くときにぞ

④ 声聞く時ぞ ・　　　　　・ もみじをふみ分けて

⑤ 秋は悲しき ・　　　　　・ 秋は本当に悲しいこと感じられる

(2) 季節は春・夏・秋・冬のうち、いつですか。

● 次の短歌とその意味を二回読んで、答えましょう。

久方の
光のどけき
春の日に
しづ心なく
花の散るらむ

紀友則

（意味）
ひ方の光がのどかな春の日なのに、どうして落ち着いた心もなく桜の花は散っていくのだろう。

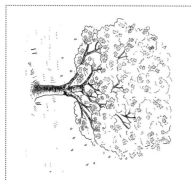

---

(1) 次の短歌とその意味を――線で結びましょう。

① 久方の　・　　　・ ひさ方の
② 光のどけき　・　　　・ 光がのどかな
③ 春の日に　・　　　・ 春の日なのに
④ しづ心な　・　　　・ どうして落ち着いた心もなく
⑤ 花の散るらむ　・　　　・ さくらの花は散ってしまうのだろう

(2) この短歌で、「花の散るらむ」の「花」は何ですか。漢字一文字で書きましょう。

□

44

（令和三年度版 東京書籍 新しい国語 四下「百人一首の世界」による）

● 次の短歌とその意味を二回読んで、答えましょう。

秋風にたなびく雲の絶え間より
もれ出づる月の影のさやけさ

左京大夫顕輔

（意味）秋風によってたなびいている雲の
切れ間からもれ出てくる月の光が、
すみきって明るいことだ。

(1) 次の短歌とその意味を――線で結びましょう。

① 秋風に　　・　　・ 切れ間から

② たなびく雲の　　・　　・ たなびいている雲の

③ 絶え間より　　・　　・ 秋風によって

④ もれ出づる月の　　・　　・ 光が すみきって明るいことだ

⑤ 影のさやけさ　　・　　・ もれ出てくる月の

(2) 季節は春・夏・秋・冬のうち、いつですか。

数え方を生みだそう (1)

名前

● 次の文章を二回読んで、答えましょう。

つくえの上に
ニンジンがあるとしましょう。
あなたはそのニンジンを
どのように数えますか。
おそらくだれもが、
「ニンジンが一本あります。」と
いうように言うと思います。
㋐「一本」の「本」は、
日本語で細長い物を
数える言葉だからです。

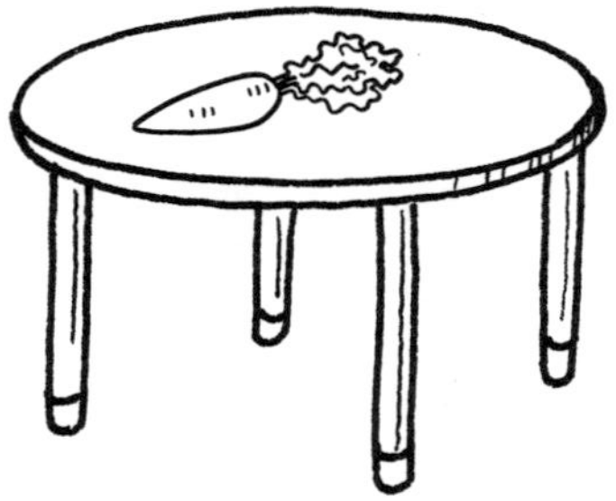

(1) つくえの上に何があるとしていますか。

□□□□

(2) おそらくだれもが、ニンジンをどのように数えると言うと思いますか。

「□□□□□□□□□□□□」。

(3) ㋐「一本」の「本」は、日本語で何を数える言葉ですか。

□□□□

数え方を生みだそう (2)

名前

● 次の文章を二回読んで、答えましょう。

[1]

日本語では、
物を数えるときに
数だけを使うのではなく、
数の後ろに「本」や
「まい」などの
言葉を付けて
表します。

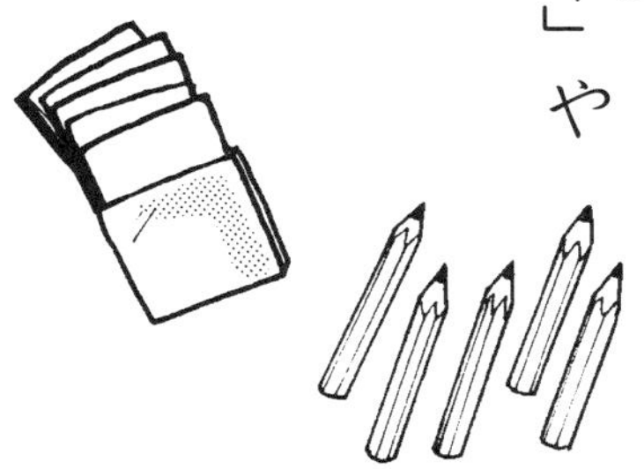

[1] (1) 日本語では、物を数えるときにどのように表しますか。

〔 □ だけを使うのではなく、数の □□ に「□」や「□□」などの言葉を付けて表します。〕

[2]

㋐このような数え方を
することによって、
それがどんな物であるのか、
話し手はそれを
どうとらえているのかと
いうことを、
㋑相手に伝えることができます。

[2] (1) ㋐このような数え方とは、どのような数え方ですか。○をつけましょう。

( ) 数だけを数える。

( ) 数の後ろに「本」や「まい」などの言葉を付ける。

(2) このような数え方をすることによって、どんなことを㋑相手に伝えることができますか。二つに○をつけましょう。

( ) それが大きいか、小さいか。

( ) それがどんな物であるのか。

( ) 話し手はそれをどうとらえているのか。

(令和二年度版　東京書籍　新しい国語　四下　飯田　朝子)

数え方を生みだそう (3)

名前

● 次の文章を二回読んで、答えましょう。

[1]

でも、なぜあなたは
ニンジンを見たとき、
まずその細長さに
㋐注目したのでしょう。
ニンジンには細長いだけでなく、
かたくてオレンジ色をしている
という㋑特ちょうもあります。

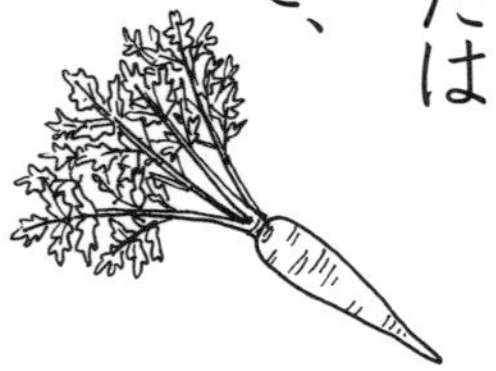

[2]

また、人によっては
好ききらいがあるでしょう。
㋒日本語を使って
生活している人たちは、
そういった細長さ以外の
特ちょうや好ききらいには
注目することなく、
ニンジンは「一本」と
数えているのです。

(令和二年度版　東京書籍　新しい国語　四下　飯田　朝子)

[1]

(1) ニンジンの何に、まず㋐注目したのですか。

その［　　　］。

(2) ニンジンの㋑特ちょうを三つ選びましょう。

(　)細長い　(　)太い
(　)かたい　(　)オレンジ色
(　)白色

[2]

(1) ㋒日本語を使って生活している人たちについて答えましょう。

① ニンジンの何に注目することがないといっていますか。

細長さ以外の［　　　　］や［　　　　　］。

② ニンジンをどのように数えていますか。文中の言葉で書きましょう。

「［　　］」

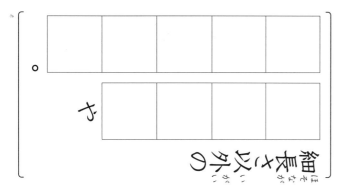

数え方を生みだそう（4）

名前

● 次の文章を二回読んで、答えましょう。

細長さ以外の特ちょうや好ききらいには注目することなく、ニンジンは「一本」と数えているのです。

[1]

これはあたりまえのように感じるかもしれません。しかし、日本語を外国語として勉強している人たちにとっては、㋐大きなおどろきなのです。

[2]

わたしはアメリカで、日本語を勉強している小学生に数え方を㋑教えたことがあります。子どもたちは授業でしばらく日本語を学んできましたが、ふだんは外国語で生活しています。

[1] だれにとっては、㋐大きなおどろきなのですか。

［□□□を□□□として勉強している人たち。］

[2] ㋑教えたことがありますについて答えましょう。

① どこで㋑教えたことがありますか。

□□□□

② だれに㋑教えたことがありますか。

［□□□を
勉強している□□□。］

③ 何を㋑教えたことがありますか。

□□□

（令和二年度版　東京書籍　新しい国語　四下　飯田朝子）

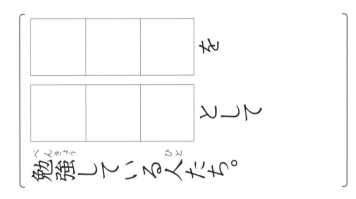

数え方を生みだそう (5)

名前

● 次の文章を二回読んで、答えましょう。

[1]

ある日、わたしはかれらにニンジンの数え方を聞いてみました。

[2]

正しい答えは「一本」なので、㋐それを期待していたのですが、㋑あがった声は意外なものでした。子どもたちからは、

「ニンジンはかたくて
ガリガリかじらなくちゃ
いけないから
『一ガリ、二ガリ』です。」

（令和二年度版　東京書籍　新しい国語　四下　飯田　朝子）

[1]

(1) ある日、わたしは何を聞いてみましたか。

□□□□の□□□。

[2]

(1) ㋐それとは、何をさしますか。一つに○をつけましょう。

（　）ニンジン
（　）「一本」
（　）あがった声

(2) ㋑あがった声には、どんなものがありましたか。文中から書きましょう。

「ニンジンは□□□□□□□□かじらなくちゃいけないから『□□□、□□□』です。」

数え方を生みだそう (6)

名前

● 次の文章を二回読んで、答えましょう。

[1]

「ちがいます。オレンジ色をしているから、ニンジンは①『一オレンジ、二オレンジ』だと思います。」

「ぼくはニンジンが好きだから②『一好き、二好き』がいいと思う。」

と、びっくりするような㋐新しい数え方が飛び出したのです。

[1] ㋐新しい数え方とありますが、①②のような数え方をしたのはなぜですか。――線で結びましょう。

① 『一オレンジ、二オレンジ』 ・　　・ ニンジンが好きだから。

② 『一好き、二好き』 ・　　・ オレンジ色をしているから。

[2]

アメリカの子どもたちは、ニンジンを見たときに、細長いということだけでなく、ほかの特ちょうに気づいたり、好きかきらいかということを考えたりして、自分たちで数え方を生みだしていたのです。

[2] アメリカの子どもたちは、ニンジンを見たときに、どうやって数え方を生みだしていたのですか。二つに○をつけましょう。

(　) 細長いという特ちょうだけに気づいた。

(　) 細長いということだけでなく、ほかの特ちょうに気づいたりした。

(　) 好きかきらいかということを考えたりした。

(令和二年度版　東京書籍　新しい国語　四下　飯田　朝子)

世界一美しいぼくの村 (1)

名前

● 次のあらすじと文章を二回読んで、答えましょう。

アフガニスタンという国があります。春になれば花がさきみだれ、夏になれば、果物がゆたかに実る美しい自然がいっぱいの国です。

㋐小さな男の子、

ヤモの住むパグマンの村でも、

毎年、㋑村人たちは

家族そろって、

あんずや、すももや、

さくらんぼをもぎ取ります。

㋒取り入れは一年中で

いちばん楽しいときです。

「あんず、なったか、

すもも、なったか。

真っ赤な頭のさくらんぼ。

取ったか、食べたか、

食べずに死んだか……。」

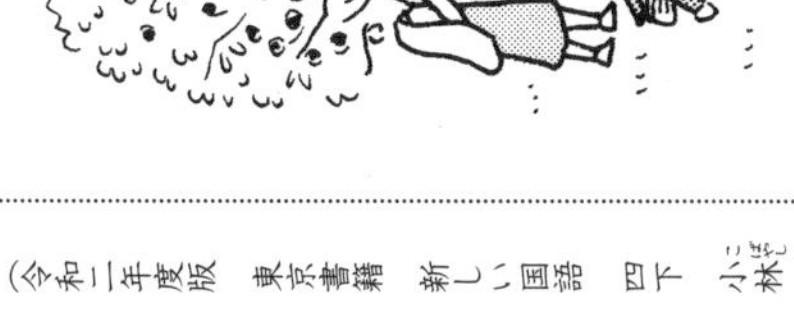

（令和二年度版　東京書籍　新しい国語　四下　小林　豊）

(1) ㋐小さな男の子について答えましょう。

① 男の子の名前は何ですか。

□□

② 住んでいる村の名前は何ですか。

□□□□

(2) ㋑村人たちは家族そろって、何をもぎ取りますか。三つ書きましょう。

・□□□

・□□□

・□□□□□

(3) ㋒取り入れは一年中でどんなときですか。

〔いちばん □□□ とき。〕

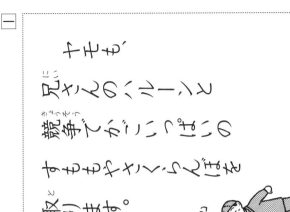

世界一美しいぼくの村 (2)　名前

● 次の文章を三回読んで、答えましょう。

1

でも
兄さんのくちーと
競そうでがいっぱいの
すももやさくらんぼを
取ります。

村中が
あまい香りに
包まれます。

1 (1) 兄さんの名前は何ですか。

(2) 村中が何に包まれますか。

2

でも、今年の夏
兄さんはいません。
兵隊になって、
戦いに行ったのです。

アフガニスタンは
もう何年も、民族どうしの
戦争が続いています。

戦争は国中に広がり、
わか者は次々と
戦いに出かけていきました。

2 (1) 今年の夏、兄さんがいないのはなぜですか。

		に なって、
		に行ったから。

(2) アフガニスタンは、もう何年も何が続いていますか。

の		
		。

（令和二年度版 東京書籍 新しい国語 四下 小林豊）

世界一美しいぼくの村 (3)

名前

● 次の文章を二回読んで、答えましょう。

[1]

あまいすももと
真っ赤なさくらんぼが、
ろばのポンパーのせなかで
重そうにゆれています。
今日、ヤモは初めて
ポンパーと、町へ果物を
売りに行くことになりました。
兄さんの代わりに、
父さんの手伝いをするのです。

[1]

(1) すももとさくらんぼが、どこで重そうにゆれていますか。

（　　　　）

(2) ヤモが初めてポンパーと町へ果物を売りに行くことになったのは、なぜですか。

□□□の代わりに、
父さんの□□□を
するため。

[2]

街道は日が上って、
急に暑くなってきました。
町へ向かうバスや
トラックが、
㋐ヤモたちを
追いこしていきます。

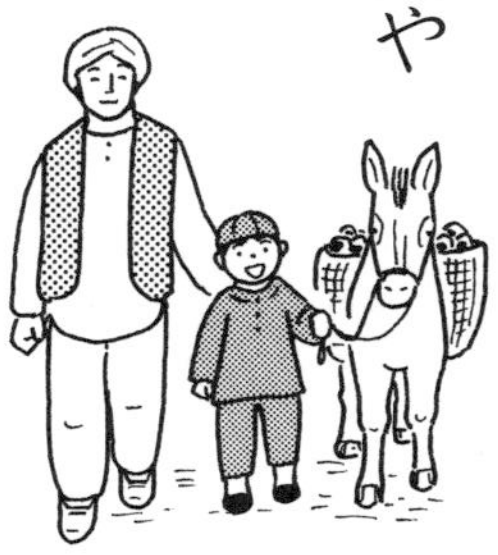

(令和二年度版　東京書籍　新しい国語　四下　小林　豊)

[2]

(1) ㋐ヤモたちとは、だれのことですか。三つに〇をつけましょう。

（　）バスやトラック
（　）ヤモ
（　）父さん
（　）兄さん
（　）ろばのポンパー

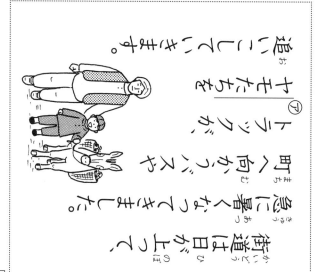

世界一美しいぼくの村 (4)

名前

● 次の文章を二回読んで、答えましょう。

町に着きました。
羊の市も立って、
にぎやかな声があっちからも
こっちからも㋐聞こえてきます。
戦争なんか
どこにもないみたいです。
いり豆売りのおじさんが
㋑大声をはり上げています。
シシカバブ（焼き肉）や
パンの焼けるにおい。
㋒町のにぎわいに、
ヤモはむねが
どきどきします。

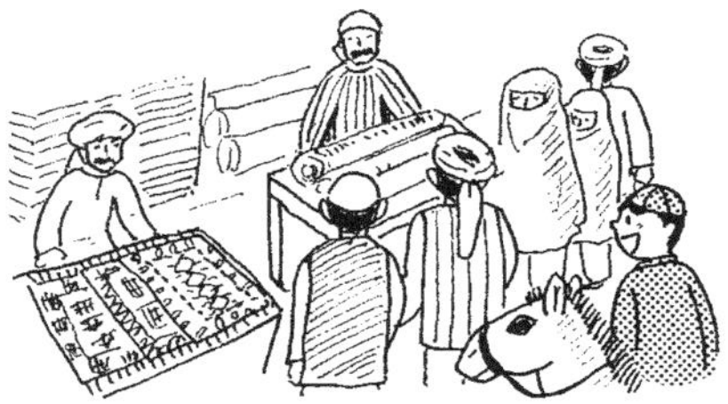

（令和二年度版　東京書籍　新しい国語　四下　小林　豊）

(1) 何があっちからもこっちからも㋐聞こえてきますか。

[　][　][　][　][　]声。

(2) ㋑大声をはり上げているのは、だれですか。

いり豆売りの[　][　][　][　]。

(3) 何のにおいがしますか。

[　][　][　][　][　]（焼き肉）や[　][　]の焼けるにおい。

(4) ㋒町のにぎわいに、ヤモはむねがどうしますか。

むねが[　][　][　][　]します。

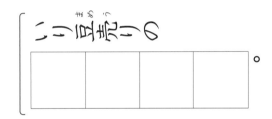

世界一美しいぼくの村（5）

名前

● 次の文章を二回読んで、答えましょう。

人の行きかう大きな広場で、
いよいよ店開きです。
「父さんはこの広場で
すももを売るから、
ヤモは、町の中を回って
さくらんぼを
売ってごらん。」
㋐「ぼく、一人で？」
㋐「ポンパーがついているさ。
ポンパーは、
㋑町中知らない所は
ないんだから。」

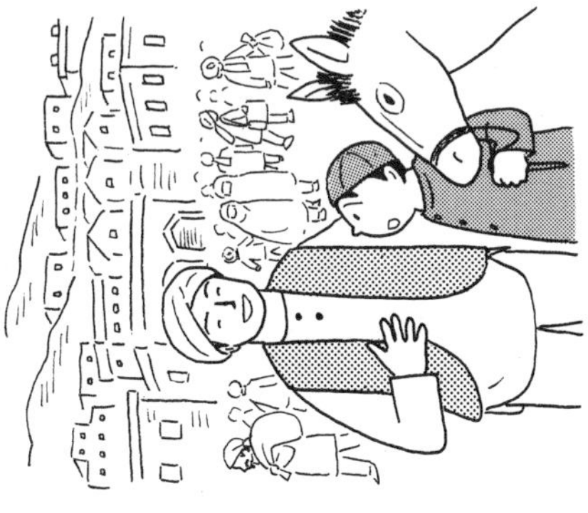

（令和二年度版　東京書籍　新しい国語　四下　小林　豊）

(1) どこで店開きしましたか。

〔人の行きかう□□□□□。〕

(2) 父さんとヤモは、それぞれ何を売るのですか。——線で結びましょう。

① 父さん　・　　・さくらんぼ

② ヤモ　・　　・すもも

(3) ㋐ぼく、一人で？と言ったとき、ヤモはどんな気持ちでしたか。○をつけましょう。

（　）一人できてうれしい気持ち。

（　）一人でできるか不安な気持ち。

(4) ㋐は、だれが言った言葉ですか。

〔　　　　　〕

(5) ㋑町中知らない所はないのは、だれですか。

□□□□

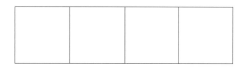

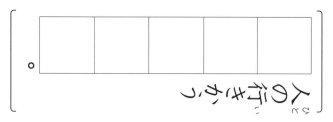

世界一美しいぼくの村 (6)

名前

● 次の文章を二回読んで、答えましょう。

[1]

㋐しかたなく

ヤモは、ポンパーに

引っぱられるようにして

屋根付きバザールに

行きました。色とりどりの

小さな店が、所せましと

ならんでいます。

買い物をする人。

お茶を飲む人。

バザール…市場のこと。

[1]

(1) ㋐しかたなくとは、どういう意味ですか。○をつけましょう。

(　)どうしようもなく。

(　)つまらなく。

(2) ヤモは、どこに行きましたか。

屋根付き□□□□。

[2]

(こんな所で売れるかな?)

ヤモは、㋑心配になりました。

勇気を出してよんでみました。

あ「さくらんぼ!

パグマンのさくらんぼ!」

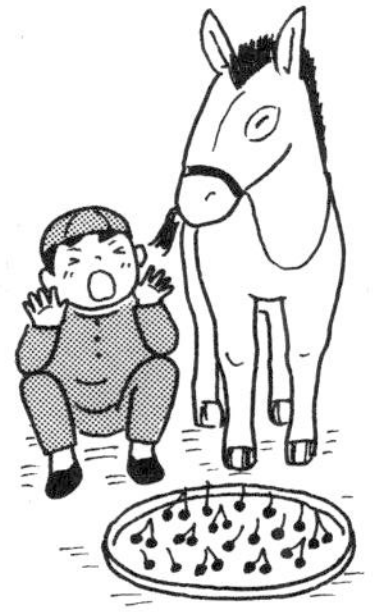

[2]

(1) ヤモは、どんな㋑心配をしましたか。

こんな所で□□□かな?

(2) あは、だれが言った言葉ですか。

〔　　　　〕

(令和二年度版　東京書籍　新しい国語　四下　小林　豊)

世界一美しいぼくの村 (7)

名前

次の文章を二回読んで、答えましょう。

でも、だれも
ふり向いてくれません。
ヤモは、㋐がっかりして、
道ばたにすわりこみました。
すると、小さな女の子が
やってきて、
あ「パグマンのさくらんぼ、
ちょうだい！」
と言いました。
ヤモはうれしくなって、
うんとおまけを
してやりました。

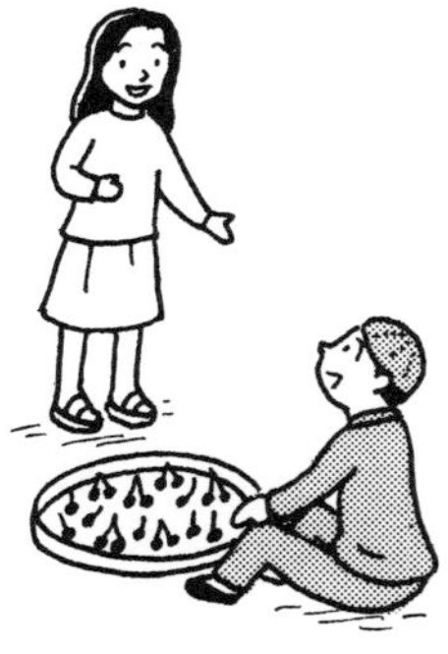

（令和二年度版　東京書籍　新しい国語　四下　小林 豊）

(1) ヤモが、㋐がっかりしたのは、なぜですか。

だれも［　　　　　］くれないから。

(2) ヤモは、㋐がっかりして、どうしましたか。

道ばたに［　　　　　］。

(3) あは、だれが言った言葉ですか。

［　　　　　］

(4) うれしくなって、うんとおまけをしてやったのは、なぜですか。○をつけましょう。

（　）いろんな人が買ってくれたから。
（　）小さな女の子がさくらんぼを買ってくれたから。

世界一美しいぼくの村 （8）　名前

● 次の文章を二回読んで、答えましょう。

1
あ「ぼうや、わたしにも
おくれ。」
女の子の後ろから
足のない人が言いました。
「昔、バグマンの近くで
果物を作ったんだ。
なつかしいな。」

1 (1) あは、だれが言った言葉ですか。

(2) 足のない人は、昔、どこで何を
作っていましたか。

				の

近くで | | | を
作っていた。

2
ヤモは、びっくりして
たずねました。
「おじさんは、戦争に
行ったの?」
「ああ、そうだよ。おかげで
足をなくしてしまってね。」
ヤモは、どきっとしました。
バルート兄さんの
顔が思い
うかびました。

2 (1) おじさんは、どこに行っていたの
ですか。

おじさんは、| | | に
行っていた。

(2) おじさんは、戦争でどうなり
ましたか。

| |

(3) ヤモは、どきっとして、だれの
顔が思いうかびましたか。○を
つけましょう。

（　）父さん

（　）バルート兄さん

（令和二年度版　東京書籍　新しい国語　四下　小林　豊）

世界一美しいぼくの村 (9)

名前

● 次の文章を二回読んで、答えましょう。

おじさんは、さくらんぼを
口に入れると、大きな声で
言いました。
「ううむ、あまくて、
ちょっとすっぱくって、
やっぱりおいしいなあ！
㋐パグマンのさくらんぼは
世界一だ。」

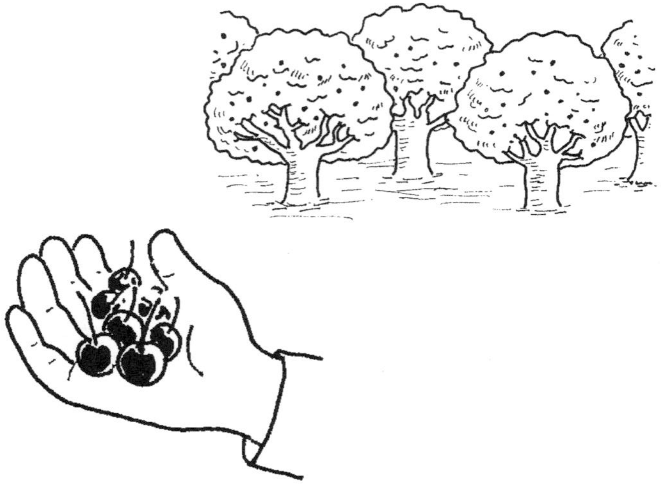

（令和二年度版　東京書籍　新しい国語　四下　小林　豊）

(1) おじさんは、何を口に入れましたか。

(2) さくらんぼは、どんな味でしたか。

ちょっと［　　　］、［　　　］、やっぱり［　　　］なあ！

(3) ㋐パグマンのさくらんぼは世界一だと言ったおじさんの気持ちにあてはまるものはどれですか。○をつけましょう。

(　)パグマンはすばらしい村だと思う気持ち。

(　)さくらんぼを食べすぎてもういらないと思う気持ち。

「便利」ということ（１）

名前

● 次の文章を二回読んで、答えましょう。

[1]

　友人の知り合いに、
耳の不自由な女性がいます。
その人が一人で住んでいる家を、
友人が初めてたずねた時の
ことです。

[2]

家のげんかんには、
チャイムが付けられて
いました。チャイムは、
人がたずねてきたことを
知るのに便利なものです。
しかし、この時、
友人は、
「チャイムの音は
聞こえないのではないか。」と
思い、㋐とまどいながらも、
チャイムをおしてみました。
すると、すぐにドアが開いて、
にこやかな出むかえを
受けました。

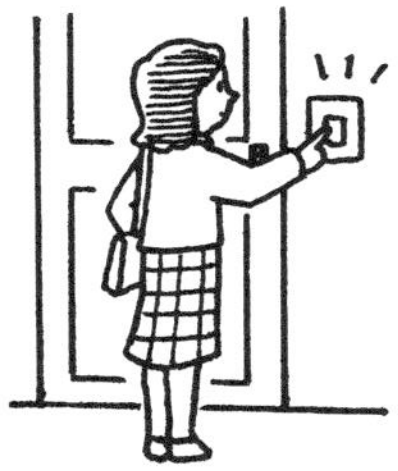

（令和二年度版　教育出版　ひろがる言葉　小学国語　四下　太田　正己）

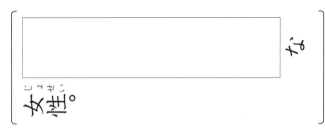

[1]

(1) 友人の知り合いに、どんな女性がいましたか。

〔　　　　な女性。〕

[2]

(1) げんかんには、何が付けられていましたか。

□□□□

(2) チャイムは、どんなことを知るのに便利なものですか。

〔人が　　　　こと。〕

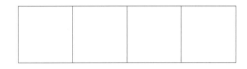

(3) ㋐とまどいながらもとありますが、どんなことにとまどっていましたか。

〔□□□□の音は□□□□□のではないかということ。〕

（令和二年度版 教育出版 ひろがる言葉 小学国語 四下 準拠）

「便利」ということ（2）　名前

● 次の文章を二回読んで、後の問いに答えましょう。

2

思ったのでしたが、友人は、それと
同時に「便利だ。」とも思ったのです。
チャイムは音で知らせる仕組みなので、
目の不自由な人にとっては、
①感じました。それと同時に「便利だ。」とも
感じているほうを友人に、手話で
⑦言ったからには、その人にとっても、
便利なことだったのです。

1

チャイムは、数か所にライトを
取りつけておいたとかの家の中の
仕組みに付けたとなってしまうが
光る仕組みに付けた家の中の
ライトが取りつけとかの家の中の
数か所にチャイムは実はわかったということが

2

(1)⑦「便利でしたが」とは、どんな
方法で言ったということですか。

[　][　]で言った。

(2)①目の不自由な人にとって、便利だと
思ったのは、どんなことですか。

チャイムは音で

[　][　][　][　]
[　]で

ため。

1

(1)チャイムを便利だというのは、
どんな仕組みだからですか。

数か所にチャイムを
取りつけておいた家の中の
[　][　][　]
が光る仕組みに
なっていたから。

「便利」ということ (3)　名前

● 次の文章を三回読んで、答えましょう。

一　友人の体験談を聞いて

「便利」というのは

どういうことかを

改めて考えてみました。

㋐「便利」とは「都合がよく

役に立つこと」です。

でも、それは

だれにとって都合がよく

だれの役に立つことなの

でしょうか。

(1) 友人の体験談を聞いて、改めて
考えてみたことは何ことですか。

「□□」ということ

　　　　　　　　　　　　

か を、改めて
考えてみました。

(2) ㋐「便利」とは、どんなことですか。

「□□がよく

□□□□こと」

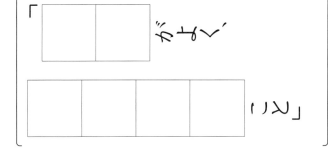

「便利」とは、どういうことなのかなあ？

（令和二年度版　教育出版　ひろがる言葉　小学国語　四下　太田　正己）

「便利」ということ (4)

名前

● 次の文章を二回読んで、答えましょう。

[1]

わたしたちの家の中を見わたしてみましょう。ぶんぼう具のような小さな物から、家具のような大きな物まで、わたしたちの身のまわりには、たくさんの道具があることに気づかされます。

[2]

㋐これらの道具はどれも、わたしたちのくらしを便利でかいてきにするために、生み出されてきた物です。しかし、光で知らせるチャイムの話のように、使う人の立場によっては、道具の仕組みを変えなければ役に立たない場合もあります。

（令和二年度版　教育出版　ひろがる言葉　小学国語　四下　太田正己）

[1] 家の中を見わたすと、どんなものがあることに気づかされますか。

ぶんぼう具のような（　　　　）から、家具のような（　　　　）まで、わたしたちの身のまわりには、（　　　　）があること。

[2] ㋐これらの道具は、何のために生み出されてきた物ですか。

わたしたちの＿＿＿を＿＿で＿＿＿＿にするため。

慣用句 (1)

名前

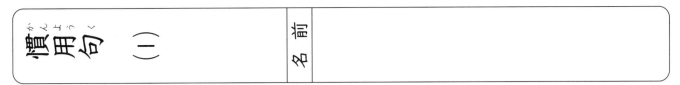

● 次の文の□に入る言葉を、□から選んで、慣用句を使った文を完成させましょう。( )にその意味にあてはまるものを、㋐〜㋔から選んで記号で書きましょう。

① 温せんで [羽] をのばす。 (㋒)

② 医者の話を [えり] を正して聞く。 (㋐)

③ あの人は [赤] の他人です。 (㋔)

④ そのことは [水] に流そう。 (㋑)

⑤ 近所の子どもの [世話] を焼く。 (㋓)

・えり　・世話　・水　・羽　・赤

㋐ 気持ちを引きしめる。
㋑ もめごとなどを、全部なかったことにする。
㋒ のびのびと自由にする。
㋓ すすんで人の面どうをみる。
㋔ 無関係な人のこと。

慣用句(2)

名前 [   ]

選んで完成させるために、次の文の□にあてはまる言葉を □ から選んで □ に入れましょう。また、その言葉が □ に入る意味にあっているものを ⑦〜⑦ から選んで、記号で書きましょう。（その言葉を使った慣用句を、あとの文から選んで）

① 温(おん)せんで [□] をのばすのはです。（　）

② 医者(いしゃ)の話(はなし)を [□] を正(ただ)して聞(き)く。（　）

③ あの人(ひと)は [□] の他(た)人(にん)です。（　）

④ そのことは [□] に流(なが)そう。（　）

⑤ 近所(きんじょ)の子(こ)どもの [□] を焼(や)く。（　）

- 世(せ)話(わ)
- 水(みず)
- 羽(はね)
- 赤(あか)

⑦ 気持(きも)ちを引(ひ)きしめる。

④ もめごとなどを、全部(ぜんぶ)なかったことにする。

⑦ のびのびと自由(じゆう)にする。

① その人(ひと)の面(めん)どうをみる。

⑦ 無(む)関(かん)係(けい)な人(ひと)のこと。

(1) 次の①〜④の慣用句は、□に同じ体の一部の名前が入ります。下の____から選んで、あてはまる漢字を□に書きましょう。

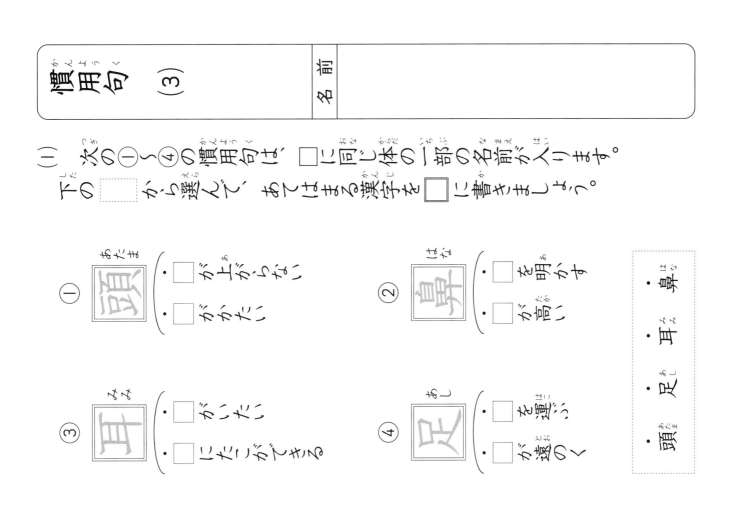

① 頭（あたま）
・□が上がらない
・□がかたい

② 鼻（はな）
・□を明かす
・□が高い

③ 耳（みみ）
・□がいたい
・□にたいができる

④ 足（あし）
・□を運ぶ
・□が遠のく

・鼻（はな）
・足（あし）　耳（みみ）
・頭（あたま）

67

(2) 次の慣用句の□には、動物の名前が入ります。____から選んで書きましょう。また、慣用句の意味にあてはまるものを——線で結びましょう。

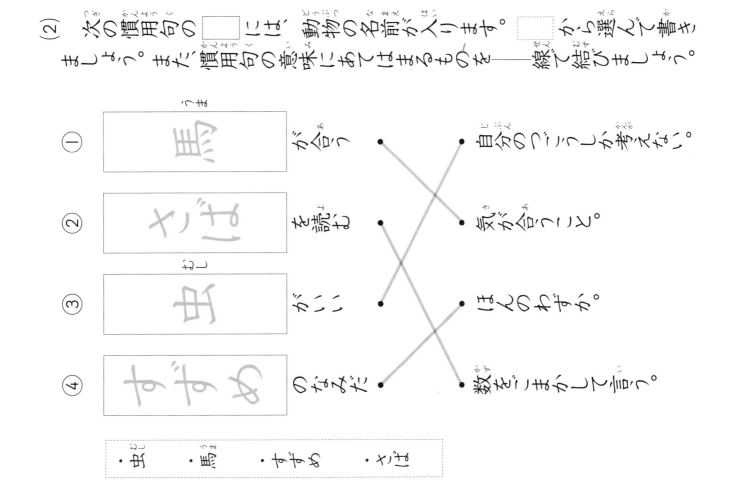

① 馬（うま）が合う　　　　　　・自分のべんりしか考えない。

② サバ（さば）を読む　　　　　・気が合うこと。

③ 虫（むし）がいい　　　　　　・ほんのわずか。

④ すずめのなみだ　　　　　　・数をごまかして言う。

・虫（むし）　・馬（うま）　・すずめ　・サバ（さば）

慣用句（４）

名前　　　　　　　

(1) 次の①〜④の慣用句は、あてはまる□に同じ体の一部の漢字が入ります。下の□から選んで、あてはまる漢字を□に書きましょう。慣用句の意味に名前が入ります。

① □
・□ が上がらない
・□ が高い

② □
・□ が高い
・□ を明かす

③ □
・□ にたくさん
・□ がいたい

④ □
・□ を運ぶ
・□ の遠い

選択：
頭　足　耳　鼻

(2) 次の慣用句は、□に動物の名前が入ります。また慣用句の意味にあてはまるものを ── 線で結んで選んで、□から選んで書きましょう。

① □ が合う ・
② □ を読む ・
③ □ にがい ・
④ □ のなみだ ・

・ 気が合っていく。
・ ほんのわずか。
・ 数をごまかして言う。
・ 自分のにがいという考えな。

選択：
虫・ 馬・ あせ・ まゆ・ はち・

慣用句 （5）

名前

● 次の慣用句の □ に入る言葉を ⟦　⟧ から選んで書きましょう。
また、慣用句の意味にあてはまるものを──線で結びましょう。

① ア　□ よりだんご　・　　・見て美しいものより、役に立つものの方がよい。

② イ　□ ふたつ　・　　・そっくり。

③ ウ　□ に風（かぜ）　・　　・おだやかに受け流すこと。

⟦ ・花（はな）　・やなぎ　・うり ⟧

② ア　□ をわったよう　・　　・人にお世辞を言って、気に入られようとすること。

② イ　□ をする　・　　・こちらから連絡しても相手から返事が来ないこと。

② ウ　□ のつぶて　・　　・せいかくがさっぱりしていること。

⟦ ・ごま　・なし　・竹（たけ） ⟧

慣用句 (6)

名前 ［　　　　　　　　　　］

次の慣用句の □ にあてはまる言葉を後の □ から選んで書きましょう。また、慣用句の意味にあてはまるものを下から――線で結びましょう。

②

ア　［　　　］を上げる　　・　　・物事のよりどころとなるもの。よりどころがなくなること。

イ　［　　　］がはずれる　・　　・作業の調子を速くする。

ウ　［　　　］をしく　　　・　　・物事が順調に進むようす。前もって予想していたように進むこと。

スピード　・　レール　・　バトン

---

①

ア　［　　　］がかかる　　・　　・次の人に引きつぐこと。

イ　［　　　］をたたく　　・　　・一歩ずつ確かめて進むこと。

ウ　［　　　］を切る　　　・　　・調子が出て仕事が始める。

エンジン　・　テープ　・　ペンキ

慣用句（かんようく） (7)

名前

● 次（つぎ）の文（ぶん）の［　］に入（はい）る言葉（ことば）を、［　］から選（えら）んで書（か）きましょう。

① ㋐ 明日（あす）は、お楽（たの）しみ会（かい）なので［心（こころ）］がおどる。

㋑ むずかしい問題（もんだい）に［　］をかかえる。

㋒ いそがしくて［　］がまわる。

・頭（あたま）　・心（こころ）　・目（め）

② ㋐ ［　］のひたいほどの畑（はたけ）をたがやす。

㋑ プールの中（なか）は、［　］をあらうようだ。

㋒ もうどこにもにげられない。ふくろの［　］だ。

・いも　・ねずみ　・ねこ

③ ㋐ ［　］のなみだほどのお金（かね）をもらう。

㋑ 何事（なにごと）かありそうだと［　］が知（し）らせる。

・虫（むし）　・すずめ

慣用句（8）

名前

（1）次の文の□にあてはまる慣用句を、□から選んで□に書きましょう。

① あなたの努力が

② かんたんな問題に

③ 漢字を覚えるのに

・メスを入れる　　・ほねが折れる　　・実を結ぶ

（2）次の①②の慣用句は、□に同じ漢字が入ります。□から選んで□にあてはまる漢字を書きましょう。

手（て）・足（あし）

①

・□の二をふむ

・□が出てほこにない

・□がぼうになる

②

・□に入る

・□にあまる

・□がかかる

ことわざ (1)

名前

● 次の[ア][イ]それぞれのことわざの□には、同じ動物の名前が入ります。□から選んで□に書きましょう。

①

[ア] □

・□も歩けばぼうに当たる
・□の遠ぼえ

[イ] □

・□のまき
・□の子
・□の尾をふむ

・とら　・犬

②

[ア] □

・□もしゃくしも
・□をかぶる
・□の手もかりたい

[イ] □

・□の子は□
・へびににらまれた□
・□の面に水

・ねこ　・かえる

ことわざ（2）

名前

次の（ア）（イ）それぞれの□の中のことわざの□に□□□から選んで書きましょう。□の中には、同じ動物の名前が入ります。

①

（ア）
- □とらぬ□の皮（かわ）
- きつねの□につままれたよう

（イ）
- 今（いま）泣（な）いた□が
- □も笑（わら）う
- □の行水（ぎょうずい）

からす・たぬき・まき

②

（ア）
- □のまねい
- □の人（ひと）に笑（わら）い
- □も木（き）から落（お）ちる

（イ）
- □が好（す）かない
- □も殺（ころ）さぬ

さる・虫（むし）

ことわざ (3)

名前

● 次のことわざの □に入る言葉を、下の □から選んで書きましょう。

① ⑦ | あぶ | はち取（と）らず

① ① ちりもつもれば [　　　] となる

① ⑦ 転（ころ）はぬ先（さき）の [　　　]

- 山（やま）
- あぶ
- つえ

② ⑦ たなから [　　　]

② ① 笑（わら）う門（かど）には [　　　] 来（き）たる

② ⑦ かわいい子には [　　　] をさせよ

- 福（ふく） 旅（たび）
- ぼたもち

③ ⑦ [　　　] 下暗（したくら）し

③ ① 時（とき）は [　　　] なり

③ ⑦ 知（し）らぬが [　　　]

- ほとけ
- 灯台（とうだい）
- 金（かね）

75

ことわざ　(4)

名前　[　　　　　]

次の①～③のことわざの意味を、下から一つ選んで○をつけましょう。

① | さるも木から落ちる

（　）木登りの上手なさるでも、木から落ちることがあるように、どんな名人でも、時にはしっぱいすることがあるということ。

（　）さるは、木登りが上手でも、時にはまちがって木から落ちること。

（　）さるは木登りが上手なので、木から落ちることはない。

② | 急がば回れ

（　）急いでいる時は、近道を通っても、遠くても安全な道を選んだほうがよい。

（　）急いでいる時は、近道を選ぶこと。

（　）早く着きたかったら、近道を通ること。

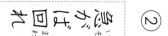

③ | 旅のはじはかきすて

（　）旅先では知っている人はいないから、はじをかくようなことはしてもよいということ。

（　）旅先では知っている人はいないから、その場かぎりのものである。

ことわざ (5)

名前

● 次のことわざの□には、漢字の数字が入ります。下の□から選んで書きましょう。またそのことわざの意味を㋐㋑㋒から選んで( )に記号で書きましょう。

① ほとけの顔も［三］度まで　（ウ）

② つるの□声　（　）

③ □階から目薬　（　）

一・二・三

㋐ もどかしくて、思うようにならないこと。

㋑ その場にいる多くの人をしたがわせる力のある人の一言。

㋒ どんなにおだやかな人でも、ひどいことをくり返されれば、はらを立てる。

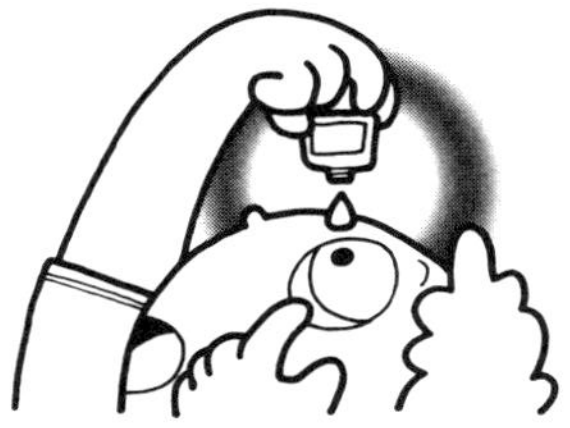

ことわざ (6)

名前 _____

（　）に記号を書きましょう。また、下の□には漢字の数字が入ります。次のことわざの□の中に入る漢字を下の　□□□　から選んで、□に記号を書きましょう。また、そのことわざの意味を（ア）（イ）（ウ）から選んで（　）に記号を書きましょう。

① □聞は一見にしかず　　（　）

② かぜは□病のもと　　（　）

③ □転び□起き　　（　）

万・八・七・百

（ア）人の話を何度も聞くより、それを一度でも自分の目で見る方がよくわかること。

（イ）色々なかぜなどの病気にかかると、体力が落ちて、病気になること。

（ウ）何回も失敗をしても、そのたびに勇気を出して立ち向かうこと。

ことわざ (7)

名前

● 次のことわざの☐にあてはまる言葉を⬚から選んで書きましょう。
また、そのことわざの意味を――線で結びましょう。

①

㋐ ［鉄］は熱いうちに打て ●　　● 用心を重ねて、しんちょうに物事を行うこと。

㋑ ☐をたたいてわたる ●　　● わかい時にきたえておくことが大切だ。

・鉄　・石橋

②

㋐ ☐とすっぽん ●　　● 二つのものがひどくちがっていることのたとえ。

㋑ うそつきは☐のはじまり ●　　● 平気でうそをつけるような人は、ぬすみも悪いと思わなくなる。

・どろぼう　・月

名前 _____

次のことわざの意味にあうことばは□の中のどちらでしょう。また、そのことわざにあうことば――線で結びましょう。□からことばを選んで書きましょう。

一

| 福(ふく)・旅(たび) |

⑦　かわいい子には　□　させよ

　・　　　・　世の中のよいこともわるいこともおもいどおりにならないから。

① 笑(わら)う門(かど)には　□　来(き)たる

　・　　　・　明るくやってくれば幸福(こうふく)が来(く)る。

二

| 石(いし)・川(かわ) |

① かっぱの　□　流(なが)れ

　・　　　・　その道(みち)の名人(めいじん)でもある。名人でも時(とき)には失敗(しっぱい)することがある。

⑦　□　の上(うえ)にも三年(さんねん)

　・　　　・　成功(せいこう)するにはがまん強(づよ)く　それはひつよう

80

故事成語（１）

名前

● 次の故事成語の□にあてはまる言葉を[ ]から選んで書きましょう。

① ㋐ 五十歩［百］歩
（どちらも大きなちがいはないこと。）

㋑ 漁夫の［　］
（当人どうしが争っているうちに、関係のない人がもうけをさらってしまうこと。）

㋒ ［　］清ければ魚住まず
（あまりきれいな水には魚が住めないということ。）

・水　・百　・利

② ㋐ 温故［　］新
（古いものを訪ね求めて、新しい事がらを知る。）

㋑ ［　］器晩成
（偉大な人物は、大成するまでに時間がかかること。）

㋒ 四［　］楚歌
（自分のまわりにいるのが、全ててきであること。）

・大　・面　・知

故事成語 (2)　名前

（1）次の意味の故事成語を　□　から選んで、記号を　□　に書きましょう。

① ・詩や文章をよくしようと、何度も考え直して、苦心すること。

・よけいなつけ足しのこと。

| （ア）蛇足 |
| （イ）推敲 |

□　□

② ・前に言ったことと、あとに言ったことのつじつまが合わないこと。

・かえってわざわいすること。

| （ア）助長 |
| （イ）矛盾 |

□　□

（2）次の故事成語の使い方が正しい文に○をつけましょう。

（　）姉は、やせたいと言っているのに、ケーキを食べているのは矛盾している。

（　）姉は、やせたいと言いながら、ケーキを食べているのは矛盾していること。

故事成語 (3)

名前

● 次の故事成語の□に入る漢字を下の□から選んで書きましょう。
またその意味を[ア][イ]から選んで（　）に記号で書きましょう。

①
・竹馬の□（友）　（[ア]）
・他山の□　（　）

・友　・石

[ア] おさな友だち。
[イ] 他人のつまらぬ言行も、自分をみがく助けとなる。

②
・良薬は□に苦し　（　）
・蛍□の功　（　）

・口　・雪

[ア] ホタルの光や雪明かりで勉強するように、苦ろうして学問にはげむこと。
[イ] 人のちゅうこくは聞き入れにくいが、自分のためになる。

故事成語（4）

名前

また次の故事成語のことばの意味を成語の □ には（ア）（イ）から選んで漢字を下の □ に書きましょう。（　）には（ア）（イ）から選んで記号を書きましょう。

①
・五十歩（ごじっぽ）□
・□は音楽の長（ちょう）

（　）（　）

［酒・百］

（ア）酒は、どんなよい薬よりもからだによいこと。
（イ）酒は、よく飲む人にとっては、どんな薬よりも健康によい。

②
・登竜門（とうりゅうもん）□
・紅一（こういち）□

（　）（　）

［門・点］

（ア）一面の緑色の草むらの中に赤い花が一輪だけさくことから、たくさんの男の人の中に女の人が一人だけ入ること。
（イ）黄河の上流にある「竜門」という門をこえると、竜になれるという言い伝えがあり、そこへ登りきった魚だけが竜になるという、立身出世のための関門のこと。

84

熟語の意味　⑴

⑴ 次の熟語は、にた意味をもつ漢字の組み合わせです。□に入る漢字を□□から選んで書きましょう。また（　）に読みをかたかなで書きましょう。

① （シュウヘン）
周 辺

② （カニュウ）
加 入

③ （ドウロ）
道 路

④ （ショウシツ）
消 失

・道　・消　・辺　・入

85

⑵ 次の熟語は、反対の意味をもつ漢字の組み合わせです。□に入る漢字を□□から選んで書きましょう。また（　）に読みをかたかなで書きましょう。

① （コウテイ）
高 低

② （キョウジャク）
強 弱

③ （メイアン）
明 暗

④ （チョウタン）
長 短

・明　・弱　・長　・低

熟語の意味 (2)

名前 ［　　　　　　　　　　］

---

(1) 次の熟語は、反対の意味をもつ漢字の組み合わせです。（　）に読みを入れ、□に入る漢字を下の□から選んで書きましょう。また、その漢字を組み合わせた熟語を書きましょう。

① 周 ［　］（　　　）

② 加 ［　］（　　　）

③ 路 ［　］（　　　）

④ 失 ［　］（　　　）

選択：辺・入・消・道

---

(2) 次の熟語は、反対の意味をもつ漢字の組み合わせです。（　）に読みを入れ、□に入る漢字を下の□から選んで書きましょう。また、その漢字を組み合わせた熟語を書きましょう。

① 高 ［　］（　　　）

② 強 ［　］（　　　）

③ 暗 ［　］（　　　）

④ 短 ［　］（　　　）

選択：低・長・弱・明

(1) 上の漢字が、下の漢字を修飾する関係にある組み合わせの熟語を作りましょう。□に入る組み合わせを ┊┄┊ から選んで書きましょう。

① 前進　（前に　進む）

② 最多　（最も　多い）

③ 親友　（親しい　友）

④ 海流　（海の　流れ）

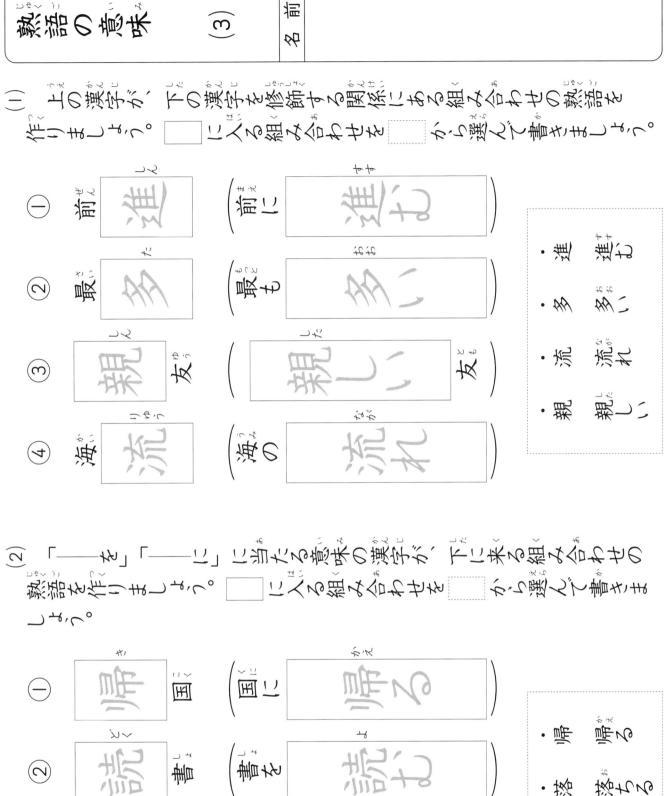

- 進　進む
- 多　多い
- 流　流れ
- 親　親しい

87

(2) 「──を」「──に」に当たる意味の漢字が、下に来る組み合わせの熟語を作りましょう。□に入る組み合わせを ┊┄┊ から選んで書きましょう。

① 帰国　（国に　帰る）

② 読書　（書を　読む）

③ 消火　（火を　消す）

④ 落下　（下に　落ちる）

- 帰　帰る
- 落　落ちる
- 読　読む
- 消　消す

熟語の意味　(4)　名前

（1）上の漢字が、下の漢字を修飾する関係にある組み合わせを、□に入る漢字を下から選んで書き、その熟語を作りましょう。

① 前（ぜん）［　］　（前に　　　　　　　　）
② 最（さい）［　］　（最も　　　　　　　　）
③ 友（ゆう）［　］　（友を　　　　　　　　）
④ 海（うみ）［　］　（海の　　　　　　　　）

親（した）しい・流（なが）れ・進（すす）む・多（おお）い

（2）上の漢字が、下に来る組み合わせの熟語を作りましょう。「□」に──を「□」にあてはまる漢字が、下に来る組み合わせを、下から選んで書きましょう。

① 国（こく）［　］　（国に　　　　　　　　）
② 書（しょ）［　］　（書を　　　　　　　　）
③ 火（か）［　］　（火を　　　　　　　　）
④ 下（か）［　］　（下に　　　　　　　　）

消（け）す・読（よ）む・落（お）ちる・帰（かえ）る

88

● 次の文は、主語と述語が正しく対応していません。主語に合うように――線の述語を、〈例〉のように書き直しましょう。

〈例〉 ぼくの目標は、サッカー選手になります。
　↓
ぼくの目標は、サッカー選手に　| なることです |。

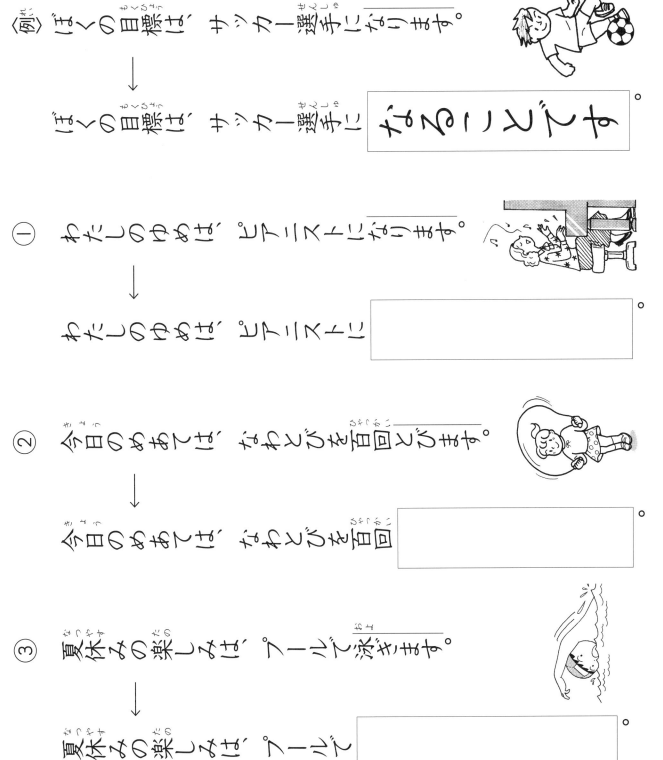

① わたしのゆめは、ピアニストになります。
　↓
わたしのゆめは、ピアニストに　|　　　　　|。

② 今日のめあては、なわとびを百回とびます。
　↓
今日のめあては、なわとびを百回　|　　　　　|。

③ 夏休みの楽しみは、プールで泳ぎます。
　↓
夏休みの楽しみは、プールで　|　　　　　|。

ことがらに気をつけて (2)

名前 ［　　　　　　　　　］

次の文を、わかりやすいように気をつけて読んで、正しく使われている文に〇をつけましょう。主語と述語が正しく使われている文に〇をつけましょう。

① （　）わたしの選んだもようは、クローバーの絵です。

（　）わたしの選んだもようは、クローバーの絵でいることです。

② （　）お正月の楽しみは、しんせき一同に会います。

（　）お正月の楽しみは、しんせき一同に会うことです。

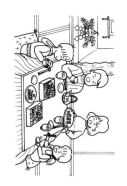

③ （　）ぼくのゆめは、世界中を飛びまわるパイロットになることです。

（　）ぼくのゆめは、世界中を飛びまわるパイロットです。

90

つながりに気をつけよう (3)

名前

● 次の[ ]の文を、それぞれの意味になるように、〈例〉のように読点（、）を一か所打ちましょう。

〈例〉 わたしは一生けん命走る犬を追いかけた。

㋐ 一生けん命走っているのが「わたし」の場合

（わたしは一生けん命、走る犬を追いかけた。）

㋑ 一生けん命走っているのが「犬」の場合

（わたしは、一生けん命走る犬を追いかけた。）

① 兄はすわって本を読んでいる弟をよんだ。

㋐ すわっているのが「兄」の場合

（兄はすわって本を読んでいる弟をよんだ。）

㋑ すわっているのが「弟」の場合

（兄はすわって本を読んでいる弟をよんだ。）

② 母は笑いながらテレビを見ている妹を見た。

㋐ 笑っているのが「母」の場合

（母は笑いながらテレビを見ている妹を見た。）

㋑ 笑っているのが「妹」の場合

（母は笑いながらテレビを見ている妹を見た。）

つながりに気をつけよう

（4）

名前　□□□□□□

次の文を、それぞれ〈例〉のように、読点（、）を一か所打って、それぞれの意味になるように書きましょう。

〈例〉
母は楽しそうにピアノをひいている妹を見た。

㋐　母は楽しそうにしているのが「母」の場合
母は楽しそうに、ピアノをひいている妹を見た。

㋑　楽しそうにしているのが「妹」の場合
母は、楽しそうにピアノをひいている妹を見た。

（一）
わたしは兄と父をむかえに行った。

㋐　わたしが、むかえに行った人が「兄と父」の場合

㋑　わたしと「兄」で、「父」をむかえに行った場合

②
ぼくは泣きながらにげていく弟を助けた。

㋐　泣いているのが「ぼく」の場合

①
泣いているのが「弟」の場合

● 〈例〉のように、①〜⑤の読点（、）を打つところを見つけて、（　）の文に点（、）を打ちましょう。

① 主語を表す「は」のあと

〈例〉わたしは、車に気をつけて歩く。

（車は、スピードを出して走る。）

② 言葉や意味の切れ目をはっきりさせたいとき

〈例〉お客は三名、おじさんとおばさんです。

（あめを三こ、弟にあげました。）

③ 文と文とをつなぐ言葉のあと

〈例〉雨がふった。しかし、遊びに出かけた。

（おみやげをもらった。それでみんなで分けた。）

④ 「ああ・おい・はい」など、感動やよびかけ、返事などを表す言葉のあと

〈例〉ああ、ここにおこがする。

（はいぼくは今から出かけます。）

⑤ 文の中に「　」でかこんだ会話文を入れる場合には、その前で打つ

〈例〉先生は、「ありがとう。」と言った。

（友だちは「明日会おう。」と言った。）

「なか」に気をつけよう（6）　名前

次の文に読点（、）を一か所つけて、読みやすい文にしましょう。

〈例〉 わたしのゆめは、プロの野球選手になることです。

① ぼくの目標は野球選手になることです。

② お客は三名先生たちです。

③ 雨があがったので外にとび出した。

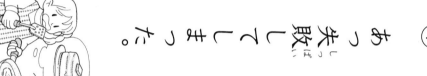

④ あの失敗があったのでしっ...

⑤ はにありがとうが言えるようになります。

⑥ お父さんは「上手だったね。」と言った。

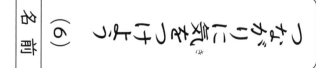

まちがえやすい漢字 (1)　名前

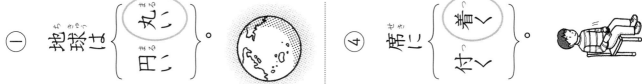

(1) 正しい漢字を〇でかこみましょう。

① 地球は{ 丸い / 円い }。

② 朝{ 速く / 早く }起きる。

③ かきの{ 身 / 実 }がなる。

④ 席に{ 着く / 付く }。

⑤ 戸を{ 空ける / 開ける }。

⑥ かぜを{ 治す / 直す }。

(2) □にあてはまる漢字を□から選んで書きましょう。

① ㋐ 計算の答えが 合 う。
　㋑ 友達と公園で 会 う。

　・会　・合

② ㋐ 台の上に 立 つ。
　㋑ 新しい家が 建 つ。

　・立　・建

③ ㋐ 山の上の木を 指 す。
　㋑ 目薬を 差 す。

　・指　・差

④ ㋐ かりてきた本を 返 す。
　㋑ 妹を家に 帰 す。

　・帰　・返

まちがえやすい漢字 (2)

名前 [   ]

---

(1) 正しい漢字を○でかこいましょう。

① 地球は {丸い／円い}。

② 朝は {速く／早く} 起きる。

③ かきの {実／身} がなる。

④ 席に {付く／着く}。

⑤ 戸を {開ける／空ける}。

⑥ かぜを {治す／直す}。

---

(2) □ にあてはまる漢字を、□ から選んで書きましょう。

立・建・運

① 新しい家が□つ。

②(ア) 台の上に□つ。

会・合

①(イ) 友達と公園で□う。

(ア) 計算の答えが□う。

指・差

① 目薬を□す。

③(ア) 山の上を□す。

帰・返

① 妹を家に□す。

④(ア) かりた本を□す。

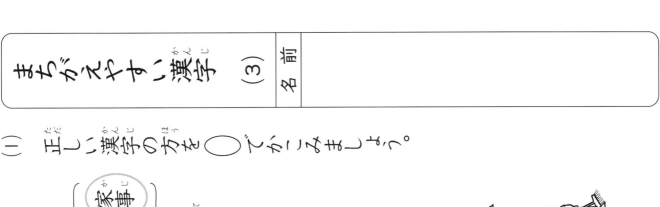

まちがえやすい漢字 (3)　名前

(1) 正しい漢字の方を〇でかこみましょう。

① { 家事 / 火事 } の手つだいをする。

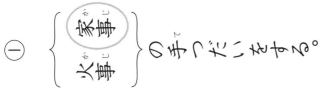

② 昔の人の { 電気 / 伝記 } を読む。

③ { 熱い / 暑い } お湯をわかす。

④ 夜が { 開ける / 明ける }。

⑤ 今日の試合は、勝つ { 自信 / 自身 } がある。

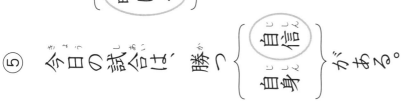

(2) 次の①②の読み方で、意味に合う漢字を □ から選んで書きましょう。

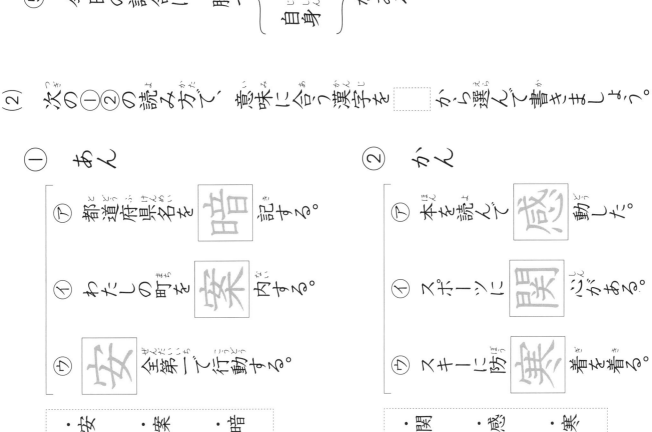

① あん

　ア 都道府県名を [暗] 記する。

　イ わたしの町を [案] 内する。

　ウ [安] 全第一で行動する。

　・安　・案　・暗

② かん

　ア 本を読んで [感] 動した。

　イ スポーツに [関] 心がある。

　ウ スキーに防[寒] 着を着る。

　・関　・感　・寒

まちがえやすい漢字 (4)　名前

(1) 正しい漢字の方を○でかこみましょう。

① 家事 / 火事 の手つだいをする。

② 昔の人の 電気 / 伝記 を読む。

③ 暑い / 熱い お湯をわかす。

④ 夜が 開ける / 明ける。

⑤ 今日の試合は勝つ 自信 / 自身 がある。

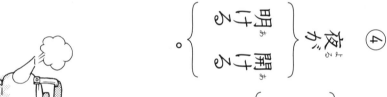

(2) 次の①②の読み方で、意味に合う漢字を□に選んで書きましょう。

① あん

安・楽・暗

ア　都道府県名を□記する。

イ　わたしの町を□内する。

ウ　全速力で行動する。

② かん

感・関・寒

ア　本を読んで□動した。

イ　スポーツに□心がある。

ウ　スキーに防□着を着る。

● 次の①～④の読み方で、文に合う漢字を □ から選んで書きましょう。

① いがい　・以外　・意外

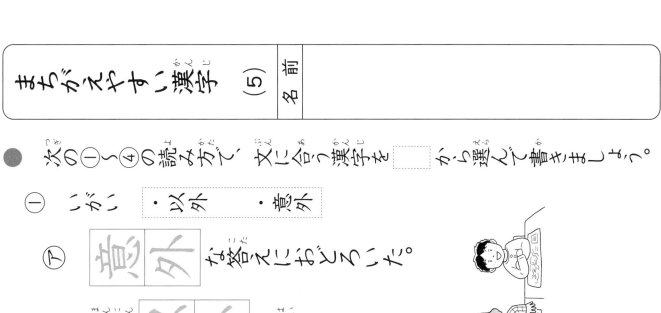

㋐ 意外 な答えにおどろいた。

㋑ 本人 以外 は入れない。

② きかい　・機会　・機械　・器械

㋐ 兄は 機械 いじりが好きだ。

㋑ こんな 機会 はめったにない。

㋒ 器械 運動の中でも、マット運動がとくいだ。

③ かいじょう　・海上　・会場

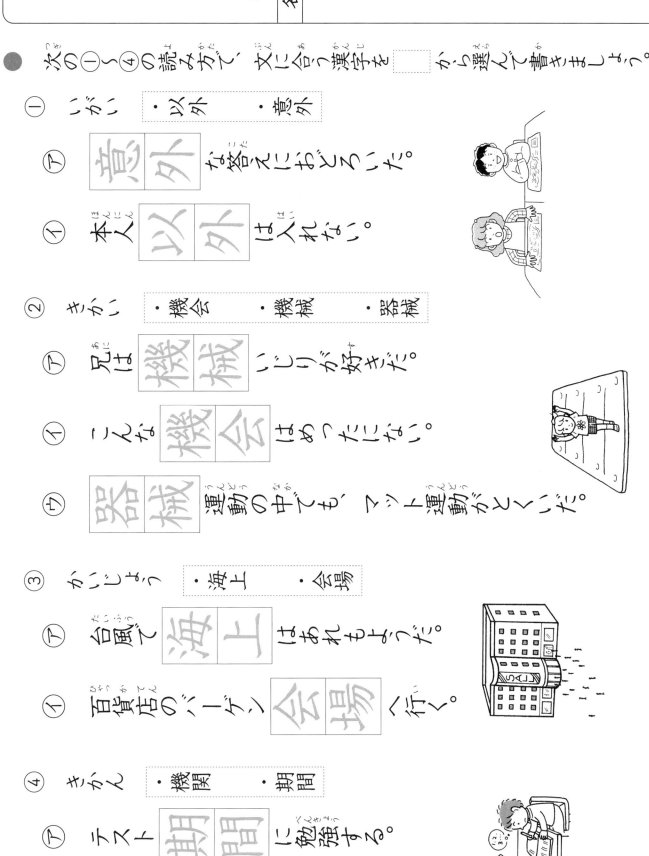

㋐ 台風で 海上 はおれもようだ。

㋑ 百貨店のバーゲン 会場 へ行く。

④ きかん　・機関　・期間

㋐ テスト 期間 に勉強する。

㋑ じょう気 機関 車が発明される。

99

まちがえやすい漢字 (6)　名前 _____

次の①〜④の読み方で、文に合う漢字を□の中から選んで書きましょう。

① こにがい

　ア　〔□□〕な答えだったので、おどろいた。

　イ　本人〔□□〕は入れない。

　以外　・　意外

② きかい

　ア　兄は〔□□〕いじりが好きだ。

　イ　いな〔□□〕は　はたらくためだ。

　ウ　運動の中でも、マット運動という〔□□〕だ。

　機会　・　機械　・　器械

③ かいじょう

　ア　台風で〔□□〕はあれもようだ。

　イ　百貨店のバーゲン〔□□〕へ行く。

　海上　・　会場

④ きかん

　ア　テスト〔□□〕に勉強する。

　イ　じょう気〔□□〕車が発明される。

　機関　・　期間

まちがえやすい漢字 (7)　名前

● ~~~~線の言葉を、（　）の意味や使い方を考えて、□ の中の
あてはまる漢字を○でかこみましょう。

① ㋐ うどんが~~さめる~~。

　　　冷める ・ 覚める

　　㋑ 朝早く目が~~さめる~~。

　　　冷める ・ 覚める

② ㋐ おまけが~~つく~~。

　　　着く ・ 付く

　　㋑ 時間通りに~~つく~~。

　　　着く ・ 付く

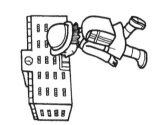

③ ㋐ 病気が~~はやく~~~~治る~~。

　　　速く ・ 早く

　　㋑ もっと~~はやく~~走る。

　　　速く ・ 早く

まちがえやすい漢字（8）

名前 [　　　　　]

(1) 次のかんじの読み方を（　）に書きましょう。読み方を □ から選んで書きましょう。

①
戸外（　　　）
木かげ（　　　）
行方（　　　）

　　ゆくえ・かげに・わけに

②
大人（　　　）
七夕（　　　）
今朝（　　　）

　　たなばた・おとな・わけ・さ

③
木綿（　　　）
半ば（　　　）
米作（　　　）

　　へいこう・もめん・なかば・は

(2) 正しい読み方に○をつけましょう。

①音色
おんいろ（　　　）
ねいろ（　　　）

②百足
ひゃくそく（　　　）
むかで（　　　）

いろいろな意味を表す漢字 (1)

名前

(1) 次の言葉の「手」は、いろいろな意味で使われます。言葉にあう意味を——線で結びましょう。

①
- ㋐ 歌手 ・　　・ やり方・方法
- ㋑ 手法 ・　　・ 何かをする人・わざをもつ人

②
- ㋐ 手首 ・　　・ 自分で作った
- ㋑ ふた手に別れる ・　　・ 手
- ㋒ 手料理 ・　　・ 方向

(2) 次の言葉の「本」は、いろいろな意味で使われます。言葉にあう意味を——線で結びましょう。

①
- ㋐ 本部 ・　　・ 中心になる
- ㋑ 本名 ・　　・ ほんとうの

②
- ㋐ 本屋 ・　　・ この、当の
- ㋑ 本日 ・　　・ ほん

２つ以上の意味を表す漢字

（2）名前

次のような漢字には、それぞれ⑦と①の二つの意味があります。□□の言葉を□□□□□から選んで、それぞれ⑦と①の□に書きましょう。

① 行

⑦《いく》

①《おこなう》

・通行
・行事
・決行
・旅行

② 名

⑦《なまえ》

①《すぐれた》

・県名
・名人
・名店
・題名

いろいろな意味を表す漢字 (3)

名前

● 次の＝＝線の漢字は、どのような意味で使われていますか。意味にあてはまるものを［　］から選んで（　）に記号を書きましょう。

①

・兄の長所は、やさしいことです。（　）
・校長先生の話を聞く。（　）
・人気のお店に長時間ならぶ。（　）

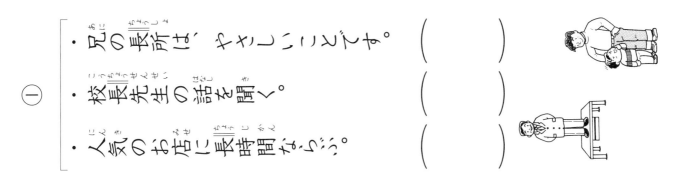

[ア] ながい　[イ] すぐれている　[ウ] 上に立つ人

②

・父は、作家だ。（　）
・家族で旅行に出かける。（　）
・新しい家具を買う。（　）

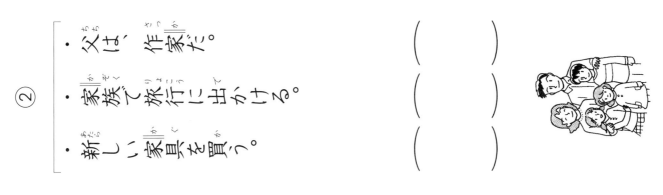

[ア] いえ　[イ] 共にくらす集まり　[ウ] 学問や芸じゅつなどにくわしい人

③

・毎日、体重をはかる。（　）
・重大な発表がある。（　）
・あの仕事は、重労働だ。（　）

[ア] おもさ　[イ] はげしい　[ウ] 大切

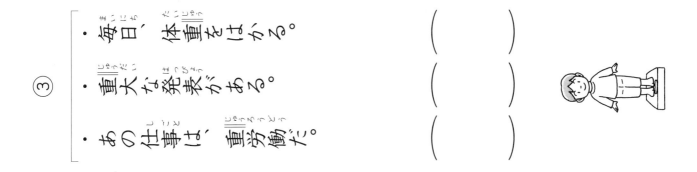

本書の解答は、あくまでもひとつの例です。児童に取り組ませる前に、必ず指導される方が問題を解いてください。指導される方の作られた解答をもとに、児童の多様な考えに寄り添って○をつけをお願いします。

4頁

● 次の文章を二回読んでから、問いに答えましょう。

たんけん（1）　名前

（1）（何も空とぶ）白鳥

（2）
小さな白鳥の羽

（3）

6頁

● 次の文章を二回読んでから、問いに答えましょう。

たんけん（2）　名前

（1）
かみしも

② 元気になったこも

5頁

● 次の文章を二回読んでから、問いに答えましょう。

たんけん（1）　名前

① 菜種を

② 火ら

③ とんぼがくるにとらし

（1）
あな

（2）
ひとぼっち

7頁

● 次の文章を二回読んでから、問いに答えましょう。

たんけん（3）　名前

（1）

（2）
おつかなとしら

（○）

解答例

---

8 頁

ごんぎつね (4)　名前

● 次の文章を二回読んで、答えましょう。

兵十は　赤い井戸のところで、
麦をといでいました。
兵十は、今まで　おっ母と
二人きりで、まずしいくらしを
していたもので、おっ母が
死んでしまっては、
もう　ひとりぼっちでした。
「おれと同じ　ひとりぼっちの
兵十か。」
こちらの　物置の後ろから、
見ていた　ごんは、
そう　思いました。

(1) 兵十は　赤い井戸のところで
何をしていましたか。

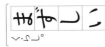
（麦をといで　いました。）

(2) 兵十は、今まで　おっ母と二人きりで、どんな　くらしを　していましたか。

（まずしい　くらし。）

(3) 兵十は、おっ母が死んで、どうなって　しまいましたか。

もう（ひとりぼっち）だ。

(4) 「おれと同じ　ひとりぼっちの兵十か」と思った　ごんは、どんな　気持ちでしたか。○を　つけましょう。

（　）ひとりぼっちなら、楽しいだろうな。
（○）ひとりぼっちなら、さびしいだろうな。

8

---

9 頁

ごんぎつね (5)　名前

● 次の文章を二回読んで、答えましょう。

ごんは、物置の
そばを　はなれて、
向こうへ　行きかけますと、
どこかで、いわしを
売る声が　します。

「いわしの安売りだあい。
いきのいい　いわしだあい。」
ごんは、その
いせいのいい声がする方へ
走っていきました。と、
弥助のおかみさんが、
うら口から、
「いわしを　おくれ。」
と言いました。

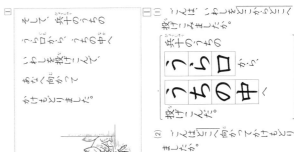

※いせいのいい…元気がいい

(1) どこかで、どんな声が
しますか。

（いわしを　売る声。）

(2) いせいのいい声は、だれの声ですか。○を　つけましょう。
（　）ごん
（○）いわし売り
（　）弥助のおかみさん

(2) 「いわしをおくれ」とは、だれが言いましたか。

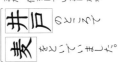
（弥助の　おかみさん）が、うら戸口から言いました。

9

---

10 頁

ごんぎつね (6)　名前

● 次の文章を二回読んで、答えましょう。

いわし売りは、
いわしのかごを積んだ車を、
道ばたに置いて、
ぴかぴか光るいわしを
両手でつかんで、
弥助のうちの中へ
持って入りました。
ごんは、そのすき間に、
かごの中から五、六ぴきの
いわしをつかみ出して、
もと来た方へ　かけだしました。

(1) いわし売りは、何を　道ばたに置きましたか。

いわしの（かご）を積んだ（車）

(2) いわし売りは、どんないわしを両手でつかみましたか。

（ぴかぴか光る）いわし。

(3) ごんが、したことは何ですか。□に○を　つけましょう。

（　）いわしのかごを積んだ車を道ばたに置いた。
（○）かごの中から五、六ぴきのいわしをつかみ出した。
（○）もと来た方へかけだした。
（　）いわしを弥助のうちの中へ持って入った。

10

---

11 頁

ごんぎつね (7)　名前

● 次の文章を二回読んで、答えましょう。

そして、兵十のうちの
うら口から、うちの中へ
いわしを投げこんで、
あなへ向かって
かけもどりました。

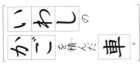

とちゅうの坂の上で
ふり返ってみますと、
兵十がまだ、井戸のところで
麦をといでいるのが
小さく見えました。
ごんは、うなぎのつぐないに、
まず一つ、いいことをしたと
思いました。

※つぐない…相手にかけた
めいわくなどを、つぐなうこと

(1) ごんは、いわしを　どこから
投げこみましたか。

兵十のうちの
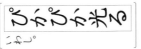
（うら口）から、
（うちの中）へ
投げこんだ。

(2) ごんは、どこへ向かって　かけもどりましたか。
（あな）

(2) ごんが、ふり返ってみると、兵十は、まだ　何をしていましたか。

（井戸）のところで、（麦）をといでいました。

(2) ここで、いいことは、どんなことですか。○を　つけましょう。

（○）兵十のうちの中へいわしを投げこんだこと。
（　）麦をといでいる手伝いをしたこと。

11

本書の解答は、あくまでもひとつの例です。児童に取り組ませる前に、必ず指導される方が問題を解いてください。指導される方の作られた解答をもとに、児童の多様な考えに寄り添って○つけをお願いします。

解答例

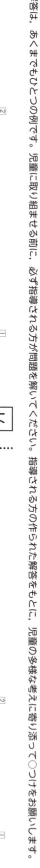

14頁

（いきもの（10）　名前）

● 次の文章を二回読んで、答えましょう。

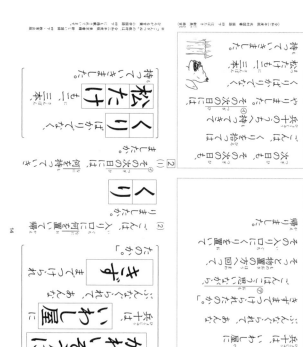

| 松 | た | け |

| へ | り |

| は | す | い | そ | に |
| か | し | 屋 |

15頁

（いきもの（11）　名前）

● 次の文章を二回読んで、答えましょう。

| 加 | 助 | の |
| 見 | ま | も | し | た | い | 顔 | を |

| 神 | 様 |

| ○ |

| 二 | 人 | の | 話 |

12頁

（いきもの（8）　名前）

● 次の文章を二回読んで、答えましょう。

| か | ぼ | ち | ゃ |

| 茶 | わ | ん |

| 矢 | 十 | の | う | ち |
| へ | り |

13頁

（いきもの（9）　名前）

● 次の文章を二回読んで、答えましょう。

| ぬ | す | び | と |
| い | わ | し | 屋 |

| い | わ | し |

| ○ |

解答例

本書の解答は，あくまでもひとつの例です。児童に取り組ませる前に，必ず指導される方が問題を解いてください。指導される方の作られた解答をもとに，児童の多様な考えに寄り添って○つけをお願いします。

16頁

ごんぎつね (12)　名前

● 次の文章を二回読んで、答えましょう。

兵十と加助は、いっしょに帰っていきます。ごんは、二人の話を聞こうと思って、ついていきました。

登場人物　兵十・加助

あ「おれはあれからずっと考えていたが、どうも、そりゃ、人間じゃない、神様だ。神様が、おまえがたった一人になったのを（ア）あわれに思わっしゃって、いろんな物をめぐんでくださるんだよ。」

い「そうかなあ。」

う「そうだとも。だから、（イ）毎日、神様にお礼を言うがいいよ。」

え「うん。」

※あわれ…かわいそうなようす。
※めぐむ…かわいそうに思って、お金や物をあたえること。

(1) あ〜えは、だれが言った言葉ですか。兵十にはヒ、加助にはカを□に書きましょう。

あ カ　い ヒ
う カ　え ヒ

(2) 神様が、（ア）あわれに思わっしゃっているのは、なぜだと言っていますか。

兵十が **たった一人** になったから。

(3) 加助は兵十に、（イ）毎日、だれに何をすればいいよと言いましたか。

毎日、**神様** に **お礼** を言うがいいよ。

16

17頁

ごんぎつね (13)　名前

● 次の文章を二回読んで、答えましょう。

ごんは、「へえ、こいつはつまらないな。」と思いました。

「（ア）おれがくりや松たけを持っていってやるのに、そのおれにはお礼を言わないで、神様にお礼を言うんじゃあ、おれは（イ）引き合わないなあ。」

(1) （ア）おれとは、だれのことですか。

ごん

(2) ごんが、つまらないなと思ったのは、なぜですか。あてはまる言葉を書きましょう。

「おれが **くり** や **松たけ** を持っていってやるのに、そのおれにはお礼を言わないで、**お礼** を言わないで、**神様** にお礼を言うんじゃあ、おれは引き合わないなあ。」と思ったから。

(3) （イ）引き合わないとは、どういう意味ですか。○をつけましょう。

（○）苦ろうやどりょくをしたかいがない。
（　）だれかとだれかが引っぱり合うこと。

17

18頁

ごんぎつね (14)　名前

● 次の文章を二回読んで、答えましょう。

[1]

その明くる日も、ごんは、くりを持って、兵十のうちへ出かけました。兵十は、物置で縄をなっていました。それで、ごんは、うちのうら口から、こっそり中へ入りました。

※縄をなう…何本かの細いわらをねじり合わせて一本の縄にすること。

[1]

(1) ごんが、兵十のうちへ出かけたとき、兵十は、どこで何をしていましたか。

物置 で縄を **なっていました**。

(2) ごんは、うちのうら口から、どのように中へ入りましたか。

こっそり 中へ入りました。

[2]

そのとき兵十は、ふと顔を上げました。と、きつねがうちの中へ入ったではありませんか。こないだ、うなぎをぬすみやがったあのごんぎつねめが、またいたずらをしに来たな。

[2]

(1) 兵十がふと顔を上げたとき、何を見ましたか。

きつね が **うち** の中へ入ったところ。

(2) ごんを見て、兵十はどう思いましたか。

またいたずらをしに来たな。

18

19頁

ごんぎつね (15)　名前

● 次の文章を二回読んで、答えましょう。

[1]

「ようし。」

兵十は立ち上がって、なやにかけてある火縄じゅうを取って、火薬をつめました。

そして、足音をしのばせて近よって、今、戸口を出ようとするごんを、ドンとうちました。

※火縄じゅう…昔のてっぽう。
※しのばせる…気づかれないようにする。

[1]

(1) 「ようし。」と言った兵十はどんな気持ちでしたか。○をつけましょう。

（　）山へおいかえしてやろう。
（○）今日こそやっつけてやろう。

(2) 兵十は、火縄じゅうを取って近よって、ごんをどうしましたか。

ドンとうちました。

[2]

ごんは、ばたりとたおれました。

兵十はかけよってきました。（ア）うちの中を見ると、土間にくりがかためて置いてあるのが、目につきました。

[2]

(1) ごんは、どうなりましたか。

ばたりとたおれました。

(2) 兵十が（ア）うちの中を見ると、何が目につきましたか。

土間 に **くり** がかためて置いてあるのが、目につきました。

19

（令和二年度版 光村図書 国語 四下 はばたき 新美 南吉）
※「ごんぎつね」の教材は，令和二年度版 東京書籍 新しい国語 四下，教育出版 ひろがる言葉 小学国語 四下 にも掲載されています。

23頁

短歌・俳句（3）
(11)

名前

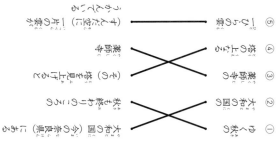

(1) 次の短歌の意味を──線で結びましょう。

① ゆく秋の　──　大和の国の今の奈良県にある
② 大和の国の　──　秋も終わりに近づいている
③ その塔を見上げると
④ 塔の上なる　──　薬師寺の
⑤ 一ひらの雲が　──　ひとひら（一片）の雲が　青い空にうかんでいる

（短歌）

ゆく秋の
大和の国の
薬師寺の
塔の上なる
一ひらの雲

佐佐木信綱

● 次の短歌の意味を考えて、答えましょう。

22頁

短歌・俳句（2）
(11)

名前

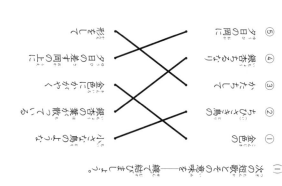

(1) 次の短歌の意味を──線で結びましょう。

① 金色の　──　金色の
② ちひさき鳥の　──　小さな鳥の
③ かたちして　──　かたちをして
④ 銀杏ちるなり　──　いちょうの葉が散っている
⑤ 夕日の岡に　──　夕日がさす岡の上に

（短歌）

金色の
ちひさき鳥の
かたちして
銀杏ちるなり
夕日の岡に

与謝野晶子

● 次の短歌の意味を考えて、答えましょう。

21頁

短歌・俳句（1）
(11)

名前

(1) 次の短歌の意味を──線で結びましょう。

① 噴煙は　──　噴煙は
② 仰ぎ見る　──　口笛を吹きて
③ 口笛は　──　空を
④ その空を　──　仰ぎ見て
⑤ 吹かへし　──　吹きながら遊んだ

（短歌）

石川啄木

栗木京子

● 次の短歌の意味を考えて、答えましょう。

20頁

(16)

名前

※自分でさがした「てにをは」を書きましょう。

(1) 次の文を二回読んで、答えましょう。

(2) 次の文を二回読んで、答えましょう。

(3) 次の文を二回読んで、答えましょう。

[　は　］　［　へ　］　［　に　］

24 頁

短歌・俳句に親しもう（三）
俳句(1)　名前

● 次の俳句とその意味を三回読んで、答えましょう。

柿くへば鐘が鳴るなり法隆寺

正岡子規

（意味）
柿を食べていると、
ちょうどそのとき
鐘の音がひびいてきた。
ああ、法隆寺の鐘だ。

24

（光村図書 国語 五 はばたき「短歌・俳句に親しもう（三）」による）

(1) 右の俳句を、「名詞」「という三つの言葉の調子の言葉を「という三つの部分に分けて一線を引きましょう。

(2) 鐘の音が、ひびいてきたのは、何を食べていたときですか。ひらがな二文字で書きましょう。

かき

(3) 季節は、春・夏・秋・冬のうちどれですか。

秋

(4) 鐘の音は、何という寺から、ひびいてきましたか。ひらがなで書きましょう。

ほうりゅうじ

25 頁

短歌・俳句に親しもう（三）
俳句(2)　名前

● 次の俳句とその意味を三回読んで、答えましょう。

桐一葉日当たりながら落ちにけり

高浜虚子

（意味）
桐の葉が一まい、秋の日の光に照らされながら、落ちた。

25

（光村図書 国語 五 はばたき「短歌・俳句に親しもう（三）」による）

(1) 右の俳句を、五音・七音・五音の三つの部分に分けて一線を引きましょう。

(2) 次の俳句とその意味を──線で結びましょう。

① 桐一葉　　　　落ちた

② 日当たりながら　桐の葉が一まい

③ 落ちにけり　　（秋の）日の光に照らされながら

26 頁

短歌・俳句に親しもう（三）
俳句(3)　名前

● 次の俳句とその意味を三回読んで、答えましょう。

外にも出よ触るるばかりに春の月

中村汀女

（意味）
外に出ていらっしゃいよ。手をのばせばふれそうなほど、大きな春の月が出てくるよ。

26

（光村図書 国語 五 はばたき「短歌・俳句に親しもう（三）」による）

(1) 右の俳句を、五音・七音・五音の三つの部分に分けて一線を引きましょう。

(2) 次の俳句とその意味を──線で結びましょう。

① 外にも出よ　　（大きな）春の月が出てくる

② 触るるばかりに　外に出ていらっしゃいよ

③ 春の月　　　（手をのばせば）ふれそうな

27 頁

ウナギのなぞを追って（1）　名前

● 次の文章を三回読んで、答えましょう。

①　ウナギは、日本各地の川や池にすんでいます。それなのになぜ、はるか南の海まで調査に来るのでしょう。それは、日本中のウナギが集まってきにいる、たまごを産む場所なのです。

㋐　不思議に思うのはとうぜんですか。

ウナギは日本各地の川や池にすんでいるのに、なぜはるか南の海まで調査に来るのか、ということ。

②　そこで生まれたウナギの赤ちゃんは、海流に流されながら日本にやって来ます。

※はるか…遠くはなれているようす。

①　ウナギの赤ちゃんは、どこからやって来ますか。

日本にやって来るのは、どこから

海流

②　ウナギの赤ちゃんは、どのように成長しながら日本にやって来ますか。

海流に流されながら成長しながら日本にやって来ます。

27

（光村図書 国語 四 下 はばたき「ウナギのなぞを追って」による）

本書の解答は、あくまでものひとつの例です。児童に取り組ませる前に、必ず指導される方が問題を解いてください。指導される方の作られた解答をもとに、児童の多様な考えに寄り添って○つけをお願いします。

28 頁

30 頁

29 頁

31 頁

32頁

ウナギのなぞを追って (6)　名前

● 次の文章を三回読んで、答えましょう。

Ⅰ サナギは、北赤道海流の中でとれました。

① これらの大きさですか。
【ナミリメートル】前後の

② 何びきとらえられたのですか。
【約千びき】

Ⅱ そして、一九九一年には、マリアナ諸島の西で、赤道海流の前後の北緯十ミリメートルのレプトセファルスを、約千びきとらえることができたのです。

Ⅱ (1) 一日に一本ずつふえる輪の部分は、何にできていますか。
【木の年輪】

(2) 輪を数えれば、どんなことを知ることができますか。
【生まれて】から
【何日】たってきるか
ということ。

Ⅱ レプトセファルスの体の中には、木の年輪のような、一日に一本ずつふえる輪の部分があります。その輪を数えれば、生まれてから何日たってきるかを知ることができます。

※年輪…木のみきを切ると見られる、いくつもの輪。一年に一つふえる。

33頁

ウナギのなぞを追って (7)　名前

● 次の文章を三回読んで、答えましょう。

Ⅰ 調べてみると、これらは、生後二十日ほどのものだと分かりました。それから分かったことは、二十日分の計算して、海流をさかのぼった親ウナギが、たまごを産んだ場所にたどり着けるはずです。

Ⅱ (1) 調べてみると、生後何日ほどのものだと分かりましたか。
【生後 二十日】ほど。

(2) とらえた所から何日分の計算をしましたか。
【二十日】分。

(3) ただどり着けるはずなのはどこにだれが着けるはずとありますが、どこにだれが着けるはずなのですか。
【親ウナギ】が
【たまごを産んだ】
場所。

34頁

くらしの中の和と洋 (1)　名前

● 次の文章を三回読んで、答えましょう。

Ⅰ 和室と洋室の最も大きなちがいは、ゆかの仕上げ方と、そこに置かれる家具だといえるでしょう。

Ⅱ (1) 和室と洋室の最も大きなちがいは、何だといえますか。
【ゆ|か】の仕上げ方と、そこに置かれる
【家|具】だといえるでしょう。

Ⅱ 和室は、ゆかにたたみをしいて仕上げ、あまり家具を置かないようにします。

Ⅱ (1) 和室のゆかは、何をしいて仕上げますか。
【た|た|み】

(2) 和室について、あてはまるもの二つに○をつけましょう。
（　）ゆかは板をはっている。
（○）ゆかにたたみをしいている。
（○）家具をあまり置かないようにする。
（　）いろいろな家具をおく。

35頁

くらしの中の和と洋 (2)　名前

● 次の文章を三回読んで、答えましょう。

Ⅰ 一方、洋室は、ゆかに板をはったり、カーペットをしいたりしてゆかを仕上げ、いすやテーブル、ベッドなどの部屋の目的に合わせた家具を置きます。

Ⅱ 洋室について、あてはまるもの二つに○をつけましょう。
（○）ゆかにカーペットをしいたりしている。
（　）ゆかにたたみをしいている。
（○）いすやテーブル、ベッドなどを置く。
（　）家具をあまり置かない。

Ⅱ このように、和室と洋室とのちがいは、そのへやの使い方や、すごし方の中で、それぞれの部屋の目的に合わせて生み出すと考えられます。

Ⅱ 和室と洋室のちがいは、何の差を生み出すと考えられますか。
【それぞれの 部屋】の
【すごし方】や
【部屋の 使い方】の
差を生み出す。

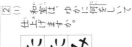

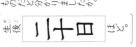

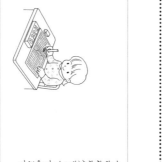

解答例

114

36頁

〈くらしの中の和と洋〉(3)　名前

● 次の文章を二回読んで、答えましょう。

(1)
和室	部屋
洋室	の

(2)
た	た	へ	べ
ん	た	や	ッ
		す	ド

(3)
い	す

37頁

〈くらしの中の和〉(4)　名前

● 次の文章を二回読んで、答えましょう。

(1)
い	ろ	い
な	ろ	

(2)

(3)
正
ね	あ	ひ
こ	ん	な
ろ	べ	正
	や	

38頁

〈くらしの中の和と洋〉(5)　名前

● 次の文章を二回読んで、答えましょう。

(1)
人
と
人

(2)

① 親しい相手に、目上の人に話す。
② 目上の人に近づいて話す。　×

(3)

39頁

〈くらしの中の和と洋〉(6)　名前

● 次の文章を二回読んで、答えましょう。

(1)

(2)
○	○

(3)
○

形	せ

40頁 くらしの中の和と洋 (7)

名前

● 次の文章を二回読んで答えましょう

こすとすわってくる

じょうたいから

次の動作にうつるが

かん単であるにしても

こするのに重さを前方にうつし

こしをうかせれば

⑦立ち上がれます

上半身の移動でⓣ動かわすかです

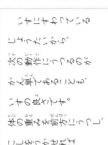

◆こすの良さについて答えましょう

(1) あてはまる言葉を書きましょう

こすにすわっている

じょうたいから 次の 動作 に

うつる のが かん単 で

あるにしても こすの良さです。

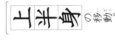

(2) こすからどうすれば立ち上がれますか

① 体の 重み を

前方 にうつし

② こし をうかせれば

③ 立ち上がれます。

(3) こすは何がわすかなのですか

上半身 の移動で

動か

41頁 百人一首の世界 (1)

名前

● 次の短歌とその意味を二回読んで答えましょう

嵐吹く
三室の山の
もみち葉は
龍田の川の
錦なりけり

能因法師

(意味) あらしがふきおろす三室の山の
もみじの葉は まるで龍田の川の
錦のおりもののようだなあ。

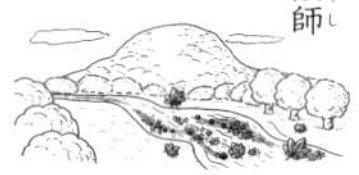

(1) 次の短歌とその意味を――線で結びましょう

① 嵐吹く　　　　三室の山の
② 三室の山の　　（まるで）龍田の川の
③ もみち葉は　　あらしがふきおろす
④ 龍田の川の　　錦のおりものの ようだなあ
⑤ 錦なりけり　　もみじの葉は

(2) 錦のおりものは何を表していますか

もみじの葉

42頁 百人一首の世界 (2)

名前

● 次の短歌とその意味を二回読んで答えましょう

田子の浦に
うち出でて見れば
白妙の
富士の高嶺に
雪は降りつつ

山部赤人

(意味) 田子の浦に出てながめると 真っ白な
富士山の高いみねに 雪がさかんにふっている

(1) 次の短歌とその意味を――線で結びましょう

① 田子の浦に　　出でながめると
② うち出でて見れば　田子の浦に
③ 白妙の　　　　真っ白な
④ 富士の高嶺に　雪がさかんにふっている
⑤ 雪は降りつつ　富士山の高いみねに

(2) 季節は春・夏・秋・冬のうちいつですか

冬

43頁 百人一首の世界 (3)

名前

● 次の短歌とその意味を二回読んで答えましょう

奥山に
紅葉踏み分け
鳴く鹿の
声聞く時ぞ
秋は悲しき

猿丸大夫

(意味) 里から遠くはなれた山の中で
もみじをふみ分け鳴く鹿の声を
聞くときこそ 秋は本当に悲しいこと
と感じられる。

(1) 次の短歌とその意味を――線で結びましょう

① 奥山に　　　　鳴く鹿の
② 紅葉踏み分け　里から遠くはなれた山の中で
③ 鳴く鹿の　　　声を聞くときこそ
④ 声聞く時ぞ　　もみじをふみ分け
⑤ 秋は悲しき　　秋は本当に悲しいことと感じられる

(2) 季節は春・夏・秋・冬のうちいつですか

秋

解答例

46頁

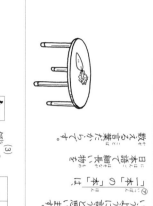

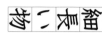

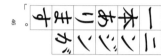

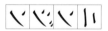

細長い物

「一ぽん」「二ほん」「三ぼん」
となりますが、数によって
「本」の上の数の言い方が
かわることがあります。

日本語で「本」とつけて数える物は、細長い物です。

47頁

数え方を生きるだろう（２）
名前

数だけに「本」を付けて使うのは日本語の文の中で答えて、一回読んで答えましょう。

言葉に数だけでなく、数える物によって数える言葉が付くことを表します。「本」や「数」だけでなく、数える物によって数える言葉が付くことを表します。

44頁

百人一首の世界（４）
名前

次の短歌を二回読んで、一回読んで答えましょう。

（１）

（２）

45頁

百人一首の世界（５）
名前

次の短歌を二回読んで答えましょう。

秋
（２）

（１）

秋風にたなびく雲の絶え間より
もれ出づる月の影のさやけさ

左京大夫顕輔

解答例

本書の解答は、あくまでもひとつの例です。児童に取り組ませる前に、必ず指導される方が問題を解いてください。指導される方が問題を解いた解答をもとに、児童の多様な考えに寄り添って○付けをお願いします。

---

48 頁

数え方をみだそう （3）　名前

● 次の文章を二回読んで、答えましょう。

① （本文・たて書き）

（□）ニンジンの何に注目しましたか。

その 細長さ 。

（2）ニンジンの特ちょうを選びましょう。

（○）細長さ　（　）太さ
（○）オレンジ色
（　）白い色

② （本文・たて書き）

（□）ニンジンの何に注目することにながったことができますか。

細長さ以外の

好きちょう
好ききらい

② ニンジンをどのように数えていますか。文中の言葉で書きましょう。

「一本」

<small>48</small>

---

49 頁

数え方をみだそう （4）　名前

● 次の文章を二回読んで、答えましょう。

① （本文・たて書き）

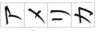

② （本文・たて書き）

（□）どこで教えたことがありますか。

アメリカ

② だれに教えたことがありますか。

日本語を
勉強している 小学生

③ 何を教えたことがありますか。

数え方

<small>49</small>

---

50 頁

数え方をみだそう （5）　名前

● 次の文章を二回読んで、答えましょう。

① （本文・たて書き）

（□）わたしは何を聞いてみましたか。

ニンジンの
数え方。

② （本文・たて書き）

（□）それは何をしますか。○をつけましょう。

（　）ニンジン
（○）「一本」
（　）あがった声

（2）あがった声には、どんなものがありましたか。文中から書きましょう。

「ニンジンは
ガリガリ
だから
『一ガリ』」です。

<small>50</small>

---

51 頁

数え方をみだそう （6）　名前

● 次の文章を二回読んで、答えましょう。

① （本文・たて書き）

（□）新しい数え方とおりますか。①と②の二つなどを──線で結びましょう。

② （本文・たて書き）

（□）ニンジンを見たときに、どんな数え方を生みだしているのですか。○をつけましょう。

（　）細長いことの特ちょうに気づいた
（○）細長いことの特ちょうだけでなく
（○）好ききらいからかんじたことを考えた

<small>51</small>

本書の解答は、あくまでもひとつの例です。児童に取り組ませる前に、必ず指導される方が問題を解いてください。指導される方が作られた解答をもとに、児童の多様な考えに寄り添って○つけをお願いします。

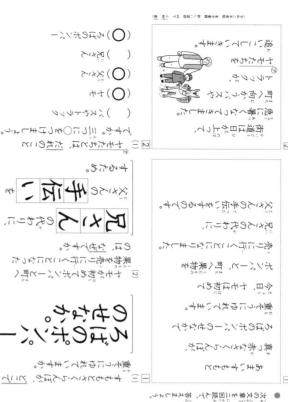
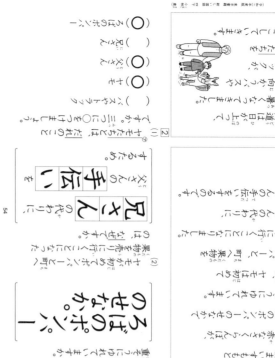
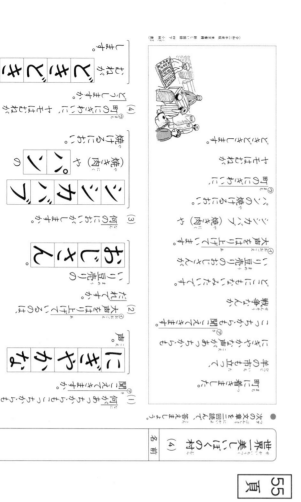

54頁

世界一美しいぼくの村（3）
名前

世界一美しいぼくの村（4）
名前

55頁

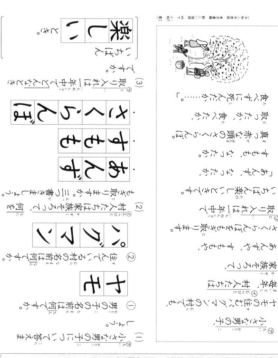

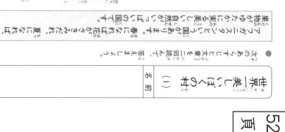

52頁

世界一美しいぼくの村（1）
名前

53頁

世界一美しいぼくの村（2）
名前

解答例

本書の解答は，あくまでもひとつの例です。児童に取り組ませる前に，必ず指導される方が問題を解いてください。指導される方の作られた解答をもとに，児童の多様な考えに寄り添って○つけをお願いします。

56頁

世界一美しいぼくの村 (5)　名前

● 次の文章を二回読んで、答えましょう。

人の行きかう大きな広場で、
いよいよ店開きです。
「父さんはこの広場で
すももを売るから、
ヤモは、町の中を回って
さくらんぼを
売ってごらん。」
「ぼく、一人で？」
あ「ポンパーがついているさ。
ポンパーは、
町中知らない所は
ないんだから。」

(令和二年度版　東京書籍　新しい国語　四下　小林　豊)

(1) どこで店開きしましたか。
人の行きかう **大きな広場**。

(2) 父さんとヤモは、それぞれ何を売るのですか。——線で結びましょう。
① 父さん — すもも
② ヤモ — さくらんぼ

(3) ㋐ぼく、一人で？と言ったとき、ヤモはどんな気持ちでしたか。○をつけましょう。
(　) 一人でできてうれしい気持ち。
(○) 一人でできるか不安な気持ち。

(4) あは、だれが言った言葉ですか。
父さん

(5) ㋑町中知らない所はないのは、だれですか。
ポンパー

56

57頁

世界一美しいぼくの村 (6)　名前

● 次の文章を二回読んで、答えましょう。

[1]
㋐しかたなく
ヤモは、ポンパーに
引っぱられるようにして
屋根付きバザールに
行きました。色とりどりの
小さな店が、所せましと
ならんでいます。
買い物をする人。
お茶を飲む人。
バザール…市場のこと。

[2]
(こんな所で売れるかな？)
ヤモは、㋑心配になりました。
勇気を出してよんでみました。
あ「さくらんぼ！
パグマンのさくらんぼ！」

(令和二年度版　東京書籍　新しい国語　四下　小林　豊)

[1] (1) ㋐しかたなくとは、どういう意味ですか。○をつけましょう。
(○) どうしようもなく。
(　) つまらなく。

(2) ヤモは、どこに行きましたか。
屋根付き **バザール**。

[2] (1) ヤモは、どんな㋑心配をしましたか。
こんな所で **売れる** かな？

(2) あは、だれが言った言葉ですか。
ヤモ

57

58頁

世界一美しいぼくの村 (7)　名前

● 次の文章を二回読んで、答えましょう。

でも、だれも
ふり向いてくれません。
ヤモは、㋐がっかりして、
道ばたにすわりこみました。
すると、小さな女の子が
やってきて、
あ「パグマンのさくらんぼ、
ちょうだい！」
と言いました。
ヤモはうれしくなって、
うんとおまけを
してやりました。

(令和二年度版　東京書籍　新しい国語　四下　小林　豊)

(1) ヤモが、㋐がっかりしたのは、なぜですか。
だれも **ふり向いて** くれないから。

(2) ヤモは、㋐がっかりして、どうしましたか。
道ばたに **すわりこみました**。

(3) あは、だれが言った言葉ですか。
小さな女の子

(4) うれしくなって、うんとおまけをしてやったのは、なぜですか。○をつけましょう。
(　) いろんな人が買ってくれたから。
(○) 小さな女の子がさくらんぼを買ってくれたから。

58

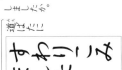

59頁

世界一美しいぼくの村 (8)　名前

● 次の文章を二回読んで、答えましょう。

[1]
あ「ぼうや、わたしにも
おくれ。」
女の子の後ろから、
足のない人が言いました。
「昔、パグマンの近くで
果物を作ってたんだ。
なつかしいな。」

[2]
ヤモは、びっくりして
たずねました。
「おじさんは、戦争に
行ってたの？」
「ああ、そうだよ。おかげで
足をなくしてしまってね。」
ヤモは、どきっとしました。
ハルーン兄さんの
顔が思い
うかびました。

(令和二年度版　東京書籍　新しい国語　四下　小林　豊)

[1] (1) あは、だれが言った言葉ですか。
足のない人

(2) 足のない人は、昔、どこで何を作っていましたか。
パグマン の近くで **果物** を作っていました。

[2] (1) おじさんは、どこに行っていたのですか。
おじさんは、**戦争** に行っていた。

(2) おじさんは、戦争でどうなりましたか。
足をなくしてしまった。

(3) ヤモは、どきっとして、だれの顔が思いうかびましたか。○をつけましょう。
(　) 父さん
(○) ハルーン兄さん

59

本書の解答は、あくまでもひとつの例です。児童に取り組ませる前に、必ず指導される方が問題を解いてください。指導される方の作られた解答をもとに、児童の多様な考えに寄り添って〇つけをお願いします。

60 頁

61 頁

62 頁

63 頁

120

解答例

本書の解答は，あくまでもひとつの例です。児童に取り組ませる前に，必ず指導される方が問題を解いてください。指導される方の作られた解答をもとに，児童の多様な考えに寄り添って○つけをお願いします。

64頁（65～68頁は略）

「便利」ということ (4)　名前

● 次の文章を二回読んで，答えましょう。

[1]
わたしたちの家の中を
見わたしてみましょう。
ぶんぼう具のような
小さな物から，
家具のような大きな物まで，
わたしたちの身のまわりには，
たくさんの道具があることに
気づかされます。

[2]
㋐これらの道具はどれも，
わたしたちのくらしを
便利でかいてきにするために，
生み出されてきた物です。
しかし，光で知らせる
チャイムの話のように，
使う人の立場によっては，
道具の仕組みを変えなければ
役に立たない場合もあります。

（令和二年度版　教育出版　ひろがる言葉　小学国語　四下　太田　正己）

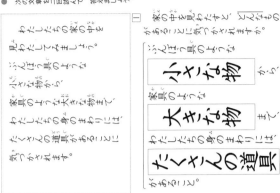

[1] 家の中を見わたすと，どんなものがあることに気づかされますか。

ぶんぼう具のような **小さな物** から，家具のような **大きな物** まで，わたしたちの身のまわりには，**たくさんの道具** があること。

[2] ㋐これらの道具は，何のために，生み出されてきた物ですか。

わたしたちの **くらし** を **便利** で **かいてき** にするため。

69頁

慣用句 (5)　名前

● 次の慣用句の□に入る言葉を□から選んで書きましょう。
また，慣用句の意味にあてはまるものを──線で結びましょう。

① ㋐ **うり** 二つ ── そっくり。
㋑ **花** よりだんご ── 見て美しいものより，役に立つものの方がよい。
㋒ **やなぎ** に風 ── おだやかに受け流すこと。

・花　・やなぎ　・うり

② ㋐ **竹** をわったよう ── せいかくがさっぱりしていること。
㋑ **ごま** をする ── 人におせじを言って，気に入られようとすること。
㋒ **なし** のつぶて ── こちらから連らくしても相手から返事が来ないこと。

・ごま　・なし　・竹

70頁

慣用句 (6)　名前

● 次の慣用句の□に入る言葉を□から選んで書きましょう。
また，慣用句の意味にあてはまるものを──線で結びましょう。

① ㋐ **エンジン** がかかる ── 調子が出始めること。
㋑ **バトン** をわたす ── 次の人に引きつぐこと。
㋒ **テープ** を切る ── 一位でゴールインすること。

・エンジン　・テープ　・バトン

② ㋐ **ピッチ** を上げる ── 作業の調子を速くする。
㋑ **ピント** がはずれる ── 物事のかんじんなところからずれている。
㋒ **レール** をしく ── 物事が順調に進むように前もってじゅんびしておく。

・ピント　・レール　・ピッチ

71頁

慣用句 (7)　名前

● 次の文の□に入る言葉を，□から選んで書きましょう。

① ㋐ 明日は，お楽しみ会なので **心** がおどる。
㋑ むずかしい問題に **頭** をかかえる。
㋒ いそがしくて **目** がまわる。

・頭　・心　・目

② ㋐ **ねこ** のひたいほどの畑をたがやす。
㋑ プールの中は，**いも** をあらうようだ。
㋒ もうどこにもにげられない。ふくろの **ねずみ** だ。

・いも　・ねずみ　・ねこ

③ ㋐ **すずめ** のなみだほどのお金をもらう。
㋑ 何事かありそうだと **虫** が知らせる。

・虫　・すずめ

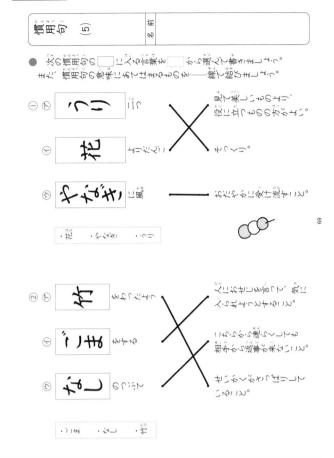

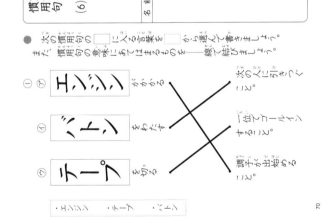

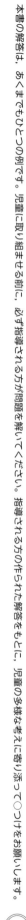

72頁

（8）かん用句

73頁

（1）ことわざ

74頁

（2）ことわざ

75頁

（3）ことわざ

76頁

ことわざ（4）　名前

● 次の①〜③のことわざの意味を一つ選んで○をつけましょう。

① サルも木から落ちる
- （　）サルは木登りが上手なので、木から落ちることはない。
- （　）サルは、木からいつでも落ちている。
- （○）木登りの上手なサルでも、時にはまちがって落ちる。

② 急がば回れ
- （○）急ぐときは、近道よりも遠くても安全な道を選んだ方がよい。
- （　）急いでいる時は、近道を選ぶことよ。
- （　）早く着きたかったら、回り道はよくない。

③ 旅のはじはかきすて
- （　）旅先では、知っている人がいないけれど、はずかしいことはしてはいけない。
- （○）旅先では、知っている人がいないから、はずかしいことをしてもその場かぎりのものである。

76

77頁

ことわざ（5）　名前

● 次のことわざの□には、漢字の数字が入ります。下の□から選んで書きましょう。また、そのことわざの意味を㋐〜㋒から選んで（　）に記号を書きましょう。

① ほとけの顔も［三］度まで　（㋒）

② つるの［一］声　（㋑）

③ ［二］階から目薬　（㋐）

・一　・二　・三

㋐ もどかしくて、思うようにならないこと。
㋑ その場にいる多くの人をしたがわせる力のある一言。
㋒ どんなにおだやかな人でも、何度もくり返されればはらを立てる。

77

78頁

ことわざ（6）　名前

● 次のことわざの□には、漢字の数字が入ります。下の□から選んで書きましょう。また、そのことわざの意味を㋐〜㋒から選んで（　）に記号を書きましょう。

① ［百］聞は一見にしかず　（㋐）

② かぜは［万］病のもと　（㋑）

③ 七転び八起き　（㋒）

・万　・八　・七　・百

㋐ 人の話を何度も聞くよりも、一度でも自分の目で見る方がよくわかる。
㋑ かぜを軽くみていると、色々な病気になって体が落ちてしまう。
㋒ 何回失敗しても、それにくじけずまた勇気をふるい起こすこと。

78

79頁

ことわざ（7）　名前

● 次のことわざの□にあてはまる言葉を□から選んで書きましょう。また、そのことわざの意味を——線で結びましょう。

①

㋐ ［鉄］は熱いうちに打て　———　用心の上に用心を重ねて、物事を行うこと。

㋑ ［石橋］をたたいてわたる　———　そなえる時にそなえておくことが大切だ。

・鉄　・石橋

②

㋐ ［月］とすっぽん　———　につりあいがとれないくらい、ちがいこと。
㋑ とんびのはじまり　———　平気でうそをつく人は、悪いこと思わなくなる。

・とんび　・月

79

解答例

80頁

故事成語 (8)　名前

① まちがえて言葉として広く使われるようになったもの

② 次の故事成語にあう言葉を下から選んで線で結びましょう。

川
・かっぱは　川流れ
・石
・石の上にも　三年

福
・笑う門には　福来たる
・旅
・旅は　道づれ

81頁

●次の故事成語の□にあてはまる漢字を下から選んで記号で書きましょう。

故事成語 (1)　名前

① 百
・ア　五十歩　百歩
・イ　百聞は　一見にしかず

② 水利
・ア　流れる水は　くさらず
・イ　当たらずといえども　遠からず

③ 大知
・ア　大器　晩成
・イ　新しきを知る　温故知新

④ 面
・ア　全面的に

82頁

●次の故事成語の使い方が正しいものに○をつけましょう。

故事成語 (2)　名前

① 記号で書きましょう

ア・推敲
イ・蛇足

② 作詩や文章をよくすること

ア・着手
イ・助長

83頁

●次の故事成語の□にあてはまる漢字を下から選んで記号で書きましょう。

故事成語 (3)　名前

① 雪
・ア　蛍雪の功
・イ　良薬は口に苦し

② 口

③ 友
・ア　竹馬の友
・イ　他山の石

解答例

本書の解答は，あくまでもひとつの例です。児童に取り組ませる前に，必ず指導される方が問題を解いてください。指導される方の作られた解答をもとに，児童の多様な考えに寄り添って○つけをお願いします。

84頁（85～88頁は略）

故事成語 (4)　名前

● 次の故事成語の□に入る漢字を下の□から選んで書きましょう。
またその意味を㋐㋑から選んで（ ）に記号で書きましょう。

① ・[酒]は百薬の長　（㋑）
・五十歩[百]歩　（㋐）

・酒　・百

㋐ どちらも大きなちがいはないこと。
㋑ 酒は、ほどよく飲めば、どんな薬よりも健康によい。

② ・紅一[点]　（㋐）
・登竜[門]　（㋑）

・門　・点

㋐「一面の緑色の草むらの中に赤い花が一輪だけさいている」という詩の一節から、たくさんの男の人の中に女の人が一人だけいること。
㋑ 黄河の上流に竜門というげき流があり、そこを登りきったら竜になるという言い伝えによる。立身出世のための関門のこと。

84

89頁

つながりに気をつけよう (1)　名前

● 次の文は、主語と述語が正しく対応していません。
主語に合うように――線の述語を、〈例〉のように書き直しましょう。

〈例〉ぼくの目標は、サッカー選手になります。
→ ぼくの目標は、サッカー選手に[なることです]。

① わたしのゆめは、ピアニストになります。
→ わたしのゆめは、ピアニストに[なることです]。

② 今日のめあては、なわとびを百回とびます。
→ 今日のめあては、なわとびを百回[とぶことです]。

③ 夏休みの楽しみは、プールで泳ぎます。
→ 夏休みの楽しみは、プールで[泳ぐことです]。

89

90頁

つながりに気をつけよう (2)　名前

● 次の文をつながりに気をつけて読んでみましょう。主語と述語が正しく使われている文に○をつけましょう。

① （○）わたしの目標は、絵のコンクールに入選することです。
（　）わたしの目標は、絵のコンクールに入選します。

② （　）お正月の楽しみは、いとこに会います。
（○）お正月の楽しみは、いとこに会うことです。

③ （　）ぼくのゆめは、パイロットになって世界中を飛びます。
（○）ぼくのゆめは、パイロットになって世界中を飛ぶことです。

90

91頁

つながりに気をつけよう (3)　名前

● 次の□の文を、それぞれの意味になるように、〈例〉のように読点（、）を一か所打ちましょう。

〈例〉[わたしは一生けん命走る犬を追いかけた。]
㋐ 一生けん命走っているのが「わたし」の場合
（わたしは一生けん命、走る犬を追いかけた。）
㋑ 一生けん命走っているのが「犬」の場合
（わたしは、一生けん命走る犬を追いかけた。）

① [兄はすわって本を読んでいる弟をよんだ。]
㋐ すわっているのが「兄」の場合
（兄はすわって、本を読んでいる弟をよんだ。）
㋑ すわっているのが「弟」の場合
（兄は、すわって本を読んでいる弟をよんだ。）

② [母は笑いながらテレビを見ている妹を見た。]
㋐ 笑っているのが「母」の場合
（母は笑いながら、テレビを見ている妹を見た。）
㋑ 笑っているのが「妹」の場合
（母は、笑いながらテレビを見ている妹を見た。）

91

解答例

94頁 （6）

（95～100頁は略）

⑥ お父さんは「上手だね。」と言った。
⑤ ぼくはゆう気を出します。
④ 雨がふってきたから、いそいで走り出した。
③ お客は三名来た。先生たちです。
② ぼくの目標は、野球選手になることです。
① 〈例〉 わたしの父は、先生をしています。

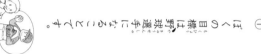

92頁 （4）

〈例〉母は楽しそうに本を読んでいるぼくを見た。
㋐母は、楽しそうに本を読んでいるぼくを見た。
㋑母は楽しそうに本を読んでいる、ぼくを見た。

① わたしは兄と父をむかえに行った。
㋐わたしは、兄と父をむかえに行った。
㋑わたしは兄と、父をむかえに行った。

② ぼくは泣きながら弟を助けた。
㋐「ぼく」が泣いている場合
ぼくは泣きながら、弟を助けた。
㋑「弟」が泣いている場合
ぼくは、泣きながら弟を助けた。

93頁 （5）

① 「は」の主語を表す言葉
〈例〉わたしは、スーパーで買い物をしました。

② 言葉の意味の切れ目
〈例〉お姉さんは、意外な言葉にびっくりした。

③ 文のはじめのみじかい言葉
〈例〉雨の日は、家の中で遊んでいます。

④ 「あ・お・さ」などの言葉
〈例〉あの人は、とても親切です。

⑤ 文の中に「 」が入れられる言葉
〈例〉先生は、「明日会おう。」と言った。

101頁 （7）

① ㋐ さめる　㋑ さます
② ㋐ つく　㋑ つける
③ ㋐ はやい　㋑ なおす

126

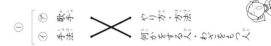

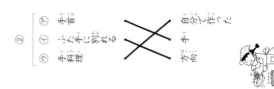

解答例

本書の解答は，あくまでもひとつの例です。児童に取り組ませる前に，必ず指導される方が問題を解いてください。指導される方の作られた解答をもとに，児童の多様な考えに寄り添って○つけをお願いします。

102 頁

まちがえやすい漢字 (8)　名前

(1) 次のなじみのない読み方の漢字の読みを，（　）に［　］から選んで書きましょう。

① ・戸外（こがい）　・木かげ（こかげ）　・行方（ゆくえ）

［・ゆくえ　・こかげ　・こがい］

② ・大人（おとな）　・七夕（たなばた）　・今朝（けさ）

［・たなばた　・おとな　・けさ］

③ ・木綿（もめん）　・半ば（なかば）　・米作（べいさく）

［・べいさく　・もめん　・なかば］

(2) 正しい読み方に○をつけましょう。

① 音色 （○）ねいろ　（　）おといろ

② 百足 （　）ひゃくそく　（○）むかで

102

103 頁

いろいろな意味を表す漢字 (1)　名前

(1) 次の言葉の「手」は，いろいろな意味で使われます。言葉にあう意味を――線で結びましょう。

① ㋐ 歌手　㋑ 手法　　やり方・方法　何かをする人・わざをもつ人

② ㋐ 手首　㋑ ふた手に別れる　㋒ 手料理　　自分で作った　手　方向

(2) 次の言葉の「本」は，いろいろな意味で使われます。言葉にあう意味を――線で結びましょう。

① ㋐ 本部　㋑ 本名　　中心になる　ほんとうの

② ㋐ 本屋　㋑ 本日　　この，当の　ほん

103

104 頁

いろいろな意味を表す漢字 (2)　名前

● 次の漢字には，それぞれ㋐と㋑の二つの意味があります。あてはまる言葉を［　］から選んで［　］に書きましょう。

① [行]
㋐《いく》　通行　旅行
㋑《おこなう》　行事　決行

［・通行　・行事　・決行　・旅行］

② [名]
㋐《なまえ》　県名　題名
㋑《すぐれた》　名人　名店

［・県名　・名人　・名店　・題名］

104

105 頁

いろいろな意味を表す漢字 (3)　名前

● 次の――線の漢字は，どのような意味で使われていますか。意味にあてはまるものを［　］から選んで（　）に記号を書きましょう。

①
・兄の長所は，やさしいことです。（㋑）
・校長先生の話を聞く。（㋒）
・人気のお店に長時間ならぶ。（㋐）

［㋐ ながい　㋑ すぐれている　㋒ 上に立つ人］

②
・父は，作家だ。（㋒）
・家族で旅行に出かける。（㋑）
・新しい家具を買う。（㋐）

［㋐ いえ　㋑ 共にくらす集まり　㋒ 学問や芸じゅつなどにくわしい人］

③
・毎日，体重をはかる。（㋐）
・重大な発表がある。（㋒）
・あの仕事は，重労働だ。（㋑）

［㋐ おもさ　㋑ はげしい　㋒ 大切］

105

喜楽研の支援教育シリーズ

もっと ゆっくり ていねいに学べる

読解ワーク 基礎編 4-②

光村図書・東京書籍・教育出版の
教科書教材などより抜粋

個別指導に最適

2023 年 3 月 1 日

イラスト : 山口 亜耶 他
表紙イラスト : 山口 亜耶
表紙デザイン : エガオデザイン
企画・編著 : 原田 善造・あおい えむ・今井 はじめ・さくら りこ
中 あみ・中田 えみ・中田 こういち・なむら じゅん
はせ みう・ほしの ひかり・堀越 じゅん・みやま りょう（他 4 名）

編集担当 : 長谷川 佐知子

発　行　者 : 岸本 なおこ

発　行　所 : 喜楽研（わかる喜び学ぶ楽しさを創造する教育研究所：略称）
〒 604-0827 京都府京都市中京区高倉通二条下ル瓦町 543-1
TEL 075-213-7701　　FAX 075-213-7706　　HP https://www.kirakuken.co.jp

印　　　刷 : 株式会社米谷

ISBN：978-4-86277-416-3